# ENTRENA TU CEREBRO PARA DEJAR DE PENSAR DEMASIADO

## Reduce el ritmo de tus pensamientos y controla tu vida

Ryan Cross

# ÍNDICE

Lo más importante: ¿cómo dejar el sobrepeso mental atrás y volver a tener nuestra mente saludable?

¿Qué es la rumiación?

¿Qué profesional me puede ayudar?

El test de ansiedad

Descurbir qué causa la ansiedad y qué podemos hacer

¿Qué hago entonces?

¿Cómo dejar de pensar tanto? Algunos consejos

Una vida en equilibrio: estrategias, tips y consejos finales

Estrategias para dejar de pensar demasiado de forma inmediata

Otras estrategias avaladas por expertos

¡Consejos de relajación fáciles y sencillos!

¿Cómo calmar mi mente para dormir?

Algunos pensamientos y lecciones de vida

Terapia del silencio

Terapia de grupo

# INTRODUCCIÓN

En la actualidad, la vida moderna trae muchas preocupaciones y estrés que generan que ciertas patologías afloren en nuestro ser. Dentro de este grupo se encuentra el llamado *Síndrome de Pensamiento Acelerado* o SPA, por sus siglas.

Este síndrome o tendencia obsesiva, como también se define, se ha convertido en la actualidad en uno de los males más recurrentes en personas de entre 25 y 35 años, y afecta no solo de manera directa la toma de decisiones, sino que también es el causante de diferentes males físicos en general provocados por los daños psicológicos asociados .

Pero ¿qué es el Síndrome de Pensamiento Acelerado? Lo primero que debes saber, es que son muchos los estudios que se realizan sobre el tema. En ellos se busca entender cuáles son los factores que provocan esta alteración y cuáles son sus principales efectos en el cuerpo humano. Podemos decir entonces que el Síndrome de Pensamiento Acelerado es una tipo de comportamiento compulsivo que tiene como elemento fundamental el exceso de información que se genera en el cerebro a causa de preocupaciones o presiones que vive el individuo y demás factores exógenos, que pueden provocar una aceleración y saturación del pensamiento a niveles preocupantes.

Dentro de esta realidad hay muchas personas que no son conscientes de que están viviendo en este estado, y creen que no se están haciendo mal al rumiar sus pensamientos, pero lo cierto es que es una práctica peligrosa con muchas secuelas en el bienestar general.

## ¿Qué debes hacer para recuperar el control?

Son muchas las técnicas que se pueden aplicar para poder corregir este problema con nuestro nivel de pensamiento y, a través de este libro, las desarrollaremos para que sirvan como herramientas a la hora de conocer y afrontar el problema.

El primer paso que debemos dar es darnos cuenta de que los pensamientos se nos están yendo de las manos.

¿Cómo darnos cuenta de esto?

Una forma muy sencilla es analizar si ante cualquier problema en nuestra mente se crean más de tres escenarios hipotéticos. Esta es una señal directa de que nuestra mente está pensando en exceso.

Es necesario encontrar una forma de distraerte con tu cuerpo para liberar tus sistemas cognitivos: salir a correr, hacer yoga, meditación, respiraciones profundas, o practicar algún deporte, arte o afición que te guste.

El *mindfulness* o la meditación también pueden ayudar a descongestionar tu mente, aunque necesitarás un poco de práctica y paciencia.

Un buen consejo es dejar fluir los problemas y observarlos como si estuvieras viendo llover, sin desarrollarlos, porque luchar contra algo que no podemos cambiar en el momento, o con las herramientas que contamos, solo puede traerte más inconvenientes que soluciones.

En este libro encontrarás las técnicas detalladas para calmar tu mente y lograr dejar de pensar excesivamente.

# CAPÍTULO 1

# Causas del síndrome del pensamiento acelerado y pensamientos intrusivos

## Causas del síndrome de pensamiento acelerado

El SPA es un tipo de ansiedad. El exceso de información, de actividad, preocupaciones y presiones sociales pueden acelerar tu mente a una velocidad aterradora.

En la era digital, esto está pasando con una intensidad nunca antes vista.

En otras palabras, hemos cambiado de manera irresponsable y muy seria el proceso de construir pensamientos.

El exceso de información y la intoxicación digital hacen que el gatillo de la memoria se dispare muchísimo, y que abra un número espeluznante de ventanas (del archivo de recuerdos), sin anclarse en ninguna, por lo que es normal que pierdas el foco y la concentración.

El resultado es una velocidad espantosa y estéril de pensamientos. Muchos de ellos inútiles. Una de las consecuencias de esto es que, por ejemplo, un lector lee una página de un libro o periódico y no recuerda nada.

### ¿Por qué suelo pensar demasiado?

Esta debe ser una pregunta frecuente que ronda en tu cabeza, porque la verdad es que la mayoría de las personas en la época actual tenemos una tendencia a pensar demasiado. De hecho, normalmente aquellos que tienen esta tendencia a sobrepensar las cosas, suelen cuestionar cada decisión que toman e imaginar escenarios diferentes que podrían haber pasado en cada instante.

### 'Mi cabeza piensa cosas que no quiero pensar'

Pensar demasiado suele estar relacionado o con algo del pasado o con preocupaciones alrededor de nuestro futuro. En estos casos, solemos pensar en los demás, en cómo deberíamos hacer las cosas o en la razón detrás de algunas de nuestras decisiones pasadas.

De este modo, no nos centramos en la resolución de los problemas, simplemente nos empezamos a sumergir en una serie de pensamientos que no van a ninguna parte.

Pensar demasiado es diferente a la autorreflexión. Reflexionar sobre diferentes aspectos de nuestra personalidad o vida es útil ya que intentamos aprender algo sobre ello. Es decir, a diferencia del problema de pensar demasiado, esto si tiene un propósito detrás.

### ¿Cómo se sabe que el SPA es en realidad un tipo "nuevo" de ansiedad y no alguno de los trastornos que ya se conocen?

Hay muchos tipos de ansiedad: el trastorno de ansiedad generalizada, el síndrome de pánico, el trastorno obsesivo-compulsivo, el síndrome de *"burnout"*, la ansiedad postraumática...

Estos tipos de ansiedad surgen a partir de conflictos, se desarrollan durante la formación de la personalidad, ante las pérdidas personales, crisis, abusos y frustraciones no tratadas. Pero la ansiedad del SPA viene del estilo de vida estresante y agitado y en muchos casos no hay causas históricas.

Millones de niños, adolescentes y adultos, a causa del exceso de información y de actividades, de redes sociales e intoxicación digital, potencian la creación de pensamientos y emociones de forma exagerada, sin necesidad de que tengan traumas. Y tarde o temprano el síndrome del pensamiento acelerado causa déficit de concentración.

### ¿Cuáles son los síntomas del SPA?

Falta de sueño, dificultad para quedarse dormido, despertarse cansado, nudos en la garganta, trastornos intestinales y a veces incluso aumento de la presión arterial.

Si hay dolores de cabeza y musculares, puede ser una alarma de que el cerebro está agotado por el exceso de pensamientos y preocupaciones.

Los síntomas psíquicos incluyen sufrir anticipadamente por algo, irritabilidad, dificultad para manejar la frustración y dificultad para vivir con personas que funcionan a un ritmo más lento.

Además de la falta de concentración, otro síntoma importante y muy característico es el déficit de memoria.

Hoy en día, es muy común que los niños, adolescentes, padres, no puedan recordar nombres de personas, citas y actividades diarias.

De acuerdo con los expertos, estamos acelerando la mente humana a una velocidad aterradora.

### Pero ¿algunos de los síntomas no son los mismos que otros tipos de ansiedad?

Muchos síntomas son comunes a todos los tipos de ansiedad, pero lo que hace diferente al SPA es la ausencia de traumas.

Además, los síntomas como la dificultad para convivir con personas lentas, la fatiga excesiva al despertar, el sufrimiento por anticipado, el déficit de memoria, están muy exacerbados en una mente hiperpensante o que sufre de SPA.

## Tipos de pensamientos tóxicos

Existen muchos tipos de pensamientos tóxicos, pero algunos a los que recurrimos con más frecuencia son los siguientes:

**La crítica:** cuando reprochamos, juzgamos o condenamos a otra persona, en realidad nos estamos vetando a nosotros mismos. Se produce una desvalorización propia de nuestra autoestima y se proyectan en el otro todas nuestras impotencias.

**La lástima:** el victimismo es una de las trabas que nos pone nuestra mente para que no podamos progresar. El cambio pasa por salir de esa pena autosentida y no enfrascarse en pensamientos nefastos, negativos, frustrantes o impotentes.

**Las suposiciones:** la única labor que tienen las suposiciones es la de desgastarnos. Las conjeturas, adivinanzas o figuraciones solo dañan y generan sobrepeso mental de manera casi automática. ¿Cómo pretendemos averiguar qué piensa alguien de nosotros, si muchas veces no somos capaces ni nosotros mismos de saberlo?

**Los condicionales:** "si hubiera hecho esto, ahora...", "quizá debería haber ido...". Si en su momento no lo hiciste, no te atormentes. Lo hecho, hecho está. Ahora solo puedes aprender de ello. Esos pensamientos solo te enjuician y te terminan autodestruyendo.

## ¿Por qué se cree que el SPA es el mal del siglo?

Porque por la intensidad y dramatismo de este síndrome, te puede afectar a ti, como a personas en general de todas las culturas y edades.

Entre el 70% y 80% de los seres humanos, incluidos los niños, tienen manifestación de este padecimiento. Es, sin duda, el mal del siglo, más que la depresión.

El SPA en la era digital ya ha causado un trastorno y una deficiencia intensos en la calidad de vida socioemocional en todos los pueblos y culturas modernas.

### ¿Cómo se puede prevenir este síndrome?

Hay que aprender a contemplar lo bello que es rendirse y quedar extasiado mientras uno observa cosas hermosas, como la naturaleza de las flores...

Habla sobre tus fracasos para que tus hijos o estudiantes entiendan que nadie sube al podio sin haber fracasado antes.

Otra herramienta aunque mucho más ambiciosa es cambiar la era de la educación mundial, pasar de la era de la información a la era de administrar la mente humana, pero para eso tienes que desafiar pensamientos desconcertantes, criticar ideas y reciclar emociones asfixiantes.

Otra técnica muy importante es cambiar el comportamiento, pasar de señalar los fracasos a elogiar y aplaudir los éxitos de tus hijos y tus empleados.

Recuerda que un detector experto de errores es apto para reparar máquinas, pero no para formar mentes brillantes y emocionalmente saludables.

## ¿Qué son los pensamientos intrusivos?

Alguna vez has estado conduciendo por una autopista, escuchando la radio, cuando de repente tu cerebro te dice: "Oye ¿y si giro hacia la mediana que separa las carreteras?"...

O tal vez agarraste un cuchillo para cortar un poco de pan y te preguntaste: "¿qué pasa si lastimo a alguien con esto?".

Estos son ejemplos de pensamientos intrusivos, esos que aparecen en tu cabeza o por sí solos en cualquier situación que te encuentres.

Idealmente, los reconocemos para luego simplemente hacerlos a un lado y seguir adelante. Pero para algunas personas, en ciertos momentos de su vida, descartar los pensamientos intrusivos puede volverse más difícil.

Desde una perspectiva más amplia, un pensamiento intrusivo es cualquier cosa aleatoria que "aparece en la mente", explica el psicólogo clínico Mark Freeston, quien se especializa en el trastorno obsesivo compulsivo (TOC) y los trastornos de ansiedad en la Universidad de Newcastle, en Reino Unido.

Un ejemplo podría ser un pánico repentino de que dejaste el horno encendido y tu casa se va a quemar.

Este es el tipo de cosas en las que todos pensamos de vez en cuando. Es posible que no pensemos en ello como algo 'no deseado', porque es solo un pensamiento que olvidamos rápidamente.

Luego están los pensamientos intrusivos que realmente son no deseados, en problemas de salud mental como el TOC, el trastorno de estrés postraumático (TEPT) y la ansiedad social.

"En la ansiedad social, los pensamientos intrusivos probablemente serían '¿Cómo me ven los demás?', '¿Me tiembla la mano?'", dice Freeston. Mientras que, en el TOC, los pensamientos pueden ser miedos a la contaminación, o en el PTSD, pueden ser recuerdos o escenas retrospectivas de un evento traumático.

En psicología, lo que marca un pensamiento intrusivo con diferencia de una preocupación u otro tipo de pensamiento es que está en desacuerdo con lo que generalmente crees que es verdad, o con tus valores. Los psicólogos se refieren a esto como un pensamiento 'egodistónico'.

Las preocupaciones se consideran más "egosintónicas", lo que significa que están más alineadas con tus creencias.

Por ejemplo, si has estado leyendo sobre el aumento de los costos de la energía y los artículos básicos del supermercado, y estás comenzando a gastar más de lo que ganas, es comprensible que te preocupe cómo pagarás tus facturas, pero eso sería una preocupación, no un pensamiento intrusivo.

## ¿Qué causa los pensamientos intrusivos?

Es importante reiterar que los pensamientos intrusivos son normales y muchas veces la causa de ellos es simplemente el burbujeo constante de ideas y recuerdos en nuestros atareados cerebros.

Según Radomsky, a veces hay un desencadenante de tales pensamientos: ver un extintor de incendios, por ejemplo, y luego querer volver corriendo a casa y comprobar que la casa no se ha quemado. Pero a veces son realmente aleatorios; solo el resultado de que nuestras mentes son "ruidosas".

Sin embargo, ¿qué pasa con aquellas personas cuyos pensamientos intrusivos les molestan? ¿Sus cerebros funcionan de manera diferente? Quizá sí.

## ¿Son normales los pensamientos intrusivos?

Sí, absolutamente, sí.

Adam Radomsky, autor principal de un estudio de 2014 y quien trabaja en la Universidad de Concordia en Montreal, Canadá, dice que cree que todos tenemos pensamientos intrusivos.

"Sabemos que es más probable que las personas los noten o luchen con ellos durante los períodos estresantes", dice. "Pero la mayoría de ellos probablemente no los notemos".

Es más probable que los pensamientos intrusivos aparezcan en momentos de estrés.

Tal vez el hecho de que los tengas sea el resultado de procesos importantes que ocurren en tu cerebro: si nunca tuviéramos pensamientos aleatorios o consideráramos cosas que no creíamos que fueran ciertas, ¿cómo crearíamos arte abstracto o soñaríamos ficciones fantásticas?

Freeston está de acuerdo en que los pensamientos intrusivos son "parte de la condición humana" y agrega que es beneficioso para los humanos tener pensamientos aleatorios todo el tiempo.

"Uno de los argumentos que se ha esgrimido es que, si no tuviéramos pensamientos aleatorios, nunca resolveríamos los problemas", afirma.

En el TOC, se ha explorado la relación entre el pensamiento intrusivo y la creatividad como una forma de enfrentar la condición directamente.
Sorprendentemente, escribir pensamientos aleatorios podría ser una forma de aprovecharlos en lugar de permitir que bloqueen tu cerebro.

## ¿Cuándo se convierten en un problema?

Lo que tiende a determinar si son problemáticos los pensamientos intrusivos es cómo respondes a ellos.

"Alguien podría pensar en algo extraño y malvado que está sucediendo", dice Freeston. "Si fueras Stephen King, dirías: 'Esa es una gran idea'. Y luego escribes una novela".

Pero si piensas: "¿qué tipo de persona tiene este pensamiento extraño?" o "podría significar que soy esta persona horrible que creo que soy". A partir de ahí, un pensamiento intrusivo podría convertirse en una obsesión".

## ¿Qué sucede si mis pensamientos intrusivos son reales?

Recuerda que los pensamientos intrusivos tienden a estar en desacuerdo con las creencias o valores reales de las personas.

Por lo tanto, una persona con un trastorno alimentario puede tener pensamientos intrusivos acerca de tener sobrepeso. Alguien que hizo un examen y salió contento del resultado, quizá puede tener el pensamiento repentino de haber contestado mal a varias preguntas, aun sabiendo la respuesta.

## La pandemia y los pensamientos intrusivos

Es común notar un aumento de ciertos tipos de pensamientos intrusivos a raíz de hechos concretos como la pandemia de covid.

De la misma manera, una persona con TOC puede tener pensamientos intrusivos acerca de que algo malo está sucediendo porque ha sido contaminada por gérmenes o porque ciertos artículos no están ordenados de cierta manera. Y esos pensamientos aún pueden surgir incluso si esa persona puede saber a ciencia cierta que lo más probable que no suceda nada malo.

A veces, sin embargo, ocurren eventos de la vida real que pueden confundir las cosas. Como cuando se desató la pandemia, por ejemplo. Se sabe que los brotes de enfermedades aumentan temporalmente los pensamientos intrusivos acerca de la enfermedad sufrida, y en el mundo en el que vivimos desde 2020, la contaminación de los entornos o espacios y el posible contagio es una preocupación legítima.

Entonces, si tienes pensamientos intrusivos sobre lugares contaminados con el virus o sobre contagiarte de covid, ¿es algo que debe preocuparte?

Meredith Coles, directora de la Clínica de Ansiedad de Binghamton en la Universidad de Binghamton, Nueva York, reflexiona sobre esta pregunta.

"En algunos aspectos, podría argumentar que tu ansiedad debería haber aumentado en los últimos uno o dos años, ya que es posible que hayas tenido pensamientos más intrusivos", dice, y agrega que un poco de ansiedad puede no ser algo malo si te motiva a cuidarte, comer más saludable,etc. "¿Eso significa que tienes un TOC?" "¿o quizá significa que eres humano y estás pasando por una pandemia?".

Seguro que todos hemos pasado por un momento difícil. Pero ¿qué pasa con aquellos de nosotros que ya sufren de TOC? ¿Podría el covid exacerbar la condición? Un estudio italiano publicado en 2021 indicó que sí.

Para el estudio, 742 personas completaron unos cuestionarios. Los encuestados que obtuvieron una puntuación alta en ciertas preguntas que normalmente se usan en el diagnóstico del TOC tendieron a percibir al covid como más peligroso.

Sin embargo, una puntuación alta de ansiedad por la salud (anteriormente conocida como hipocondría) se asoció más fuertemente con la preocupación por el coronavirus.

Coles considera que a medida que superamos el punto máximo de la pandemia, deberíamos ver cómo retrocede cualquier aumento en los pensamientos intrusivos. "Somos más resistentes de lo que a veces creemos", continúa la especialista. Aunque sí aconseja hacer ciertas cosas tras darnos cuenta de nuestras ansiedades, como buscar el apoyo de amigos y familiares y apagar las noticias de vez en cuando.

# CAPÍTULO 2

## Efectos en nuestro día a día: señales de que sueles pensar demasiado

El primer paso para controlar los pensamientos 'inútiles' o que nos hacen daño de nuestra mente, es darnos cuenta de aquellas señales que indican que estamos pensando demasiado.

A veces, las personas que tienen el cerebro pensando constantemente en sus problemas suelen creer que tener esta costumbre les es útil. La realidad es que las investigaciones señalan que pensar mucho en alguien o en un problema concreto es malo para la salud mental y no hace nada para prevenir o resolver aquello que tanto te preocupa.

Por ello, es importante tener en cuenta las señales del SPA:

**Revivir momentos embarazosos**: las personas que tienen tendencia a pensar mucho suelen tener la costumbre de revivir aquellos momentos en los que lo pasaron mal.

**Tener problemas para dormir**: una persona que piensa mucho las cosas suele experimentar problemas para dormir debido a la ansiedad o a los pensamientos de preocupación.

**Intentar ver el 'significado oculto' de los acontecimientos:** estos problemas para pensar suelen surgir debido a que las personas intentan predecir el comportamiento de los demás para ver cosas que quizá confirman sus teorías.

**Revivir errores:** las personas que suelen pensar en los demás o en sus problemas de manera excesiva acaban repitiendo mentalmente aquellas conversaciones que tuvieron con la gente o aquello que podrían haber hecho mejor.

**No estar centrado en soluciones:** la ansiedad en nuestros pensamientos suele estar enfocada en insistir una y otra vez en un mismo problema, en vez de estar centrada en buscar una solución a ellos.

**Tener pensamientos repetitivos:** quizá te suene familiar la expresión 'me va a explotar la cabeza'. Esto sucede a aquellos que tienen el problema de repetir estos pensamientos una y otra vez.

**Resulta difícil tomar decisiones:** cuando una persona tiene esta tendencia a pensar demasiado, suele convencerse de que pensar más y analizar una situación desde diversos ángulos puede ayudarle a tomar mejores decisiones. Las investigaciones al respecto suelen apuntar precisamente a lo contrario. Sobrepensar demasiado las cosas, suele dificultar más la toma de decisiones.

## ¿Qué consecuencias trae el pensar demasiado?

Existen estudios que demuestran que pensar demasiado en las cosas puede estar relacionado con experimentar demasiado estrés y hasta padecer trastornos como la depresión o la ansiedad.

Experimentar estos problemas de pensar mucho puede conllevar a no estar nunca en el presente y a anclarse demasiado en el pasado o en el futuro.

Muchas personas que tienen esta tendencia de pensar demasiado suelen acabar teniendo problemas para concentrarse en tareas específicas.

### Sobrepeso mental

Si sientes que tu cuerpo está constantemente cansado, rígido o dolorido puedes estar padeciendo esta afección.

Ahora bien, no me refiero a un incremento de volumen físico, ni tampoco al aumento de tu perímetro craneal, sino a un sobrepeso mental. A un exceso de pensamientos negativos, inertes e improductivos.

Durante el día, imaginamos, comprendemos, reflexionamos, creamos, calculamos, tomamos decisiones... En definitiva, vivimos pensando. Pero no todos los pensamientos son válidos ni útiles, de hecho, a veces pensamos demasiado de manera inútil y nos producimos una indigestión de pensamientos inservibles.

Si traemos a colación ideas que no nos aportan nada, ni nos llevan a ninguna parte, al final la mente termina agotándose: se vuelve pesada, se corroe, se bloquea y renuncia a ejercitar otros procesos naturales y positivos.

### Desequilibramos la unidad básica de la mente: los pensamientos

Como hemos comprobado, pensar forma parte de la naturaleza humana. De hecho, es uno de los procesos que nos diferencian del resto de seres vivos. Ahora bien, nuestro pensamiento, contrariamente a lo que se suele considerar, no es en su mayoría consciente. Más bien todo lo contrario.

Pensemos en un iceberg. La punta de este o lo que se encuentra al descubierto en la superficie sería el pensamiento consciente. Mientras, el hielo que está sumergido, que es la gran mayoría del mismo, constituye la parte inconsciente.

Según el doctor Michael Shadlen, investigador principal en el Instituto del Comportamiento del Cerebro Mortimer B. Zuckerman de Columbia (Estados Unidos), "la gran mayoría de los pensamientos que circulan en nuestro cerebro ocurren por debajo del radar de conciencia consciente, lo que significa que a pesar de que nuestro cerebro los está procesando, no somos conscientes cuando aparecen o se crean".

Y teniendo en cuenta que la calidad de nuestros pensamientos determina nuestro día a día, dependiendo de las ideas conscientes e inconscientes que se crucen por nuestra mente, así será el resultado de nuestro desarrollo.

**Llenamos nuestra mente de pensamientos basura**
Stephen Fleming, profesor del University College London (UCL) realizó un interesante estudio en el 2010. Descubrió que las personas que pensaban más sobre sus decisiones, que analizaban las cosas en exceso sin llegar a unas conclusiones claras, tenían más células en la corteza prefrontal.

Ahora bien, lo que en un principio podemos considerar como algo "positivo" en realidad no lo es. Porque lo que hay es un exceso de células que no cumplen funciones claras. De hecho, al comparar electroencefalogramas con personas con esquizofrenia o autismo, se veía ese mismo fenómeno.

La conclusión a la que llegaron fue la siguiente: pensar es bueno, pero no en exceso y menos si lo que hacemos es caer en bucles sin sentido.

Los pensamientos basura son aquellos cuya recurrencia nos agota porque no nos aportan ningún tipo de beneficio. Son razonamientos vacíos e incluso tóxicos. Y son originados en nuestra mente consciente.

Es decir, el sobrepeso mental no es resultado de procesos mentales reprimidos, impulsos o deseos; sino fruto de una elaboración deliberada. Son superfluos e innecesarios, por lo que, en vez de proporcionarnos mayor autoconocimiento y ventajas cognitivas, nos desgastan energéticamente y ralentizan el resto de procesamiento consciente.

Nos impiden ser creativos, comprensivos o aprender nuevas habilidades. Nos bloquean y paralizan nuestras virtudes. Por eso, cuando tenemos sobrepeso mental, nuestros pensamientos actúan como la comida basura. Y provocan consecuencias físicas que pueden ser incluso análogas a las de la obesidad. Entre ellas, agotamiento físico, el cual provoca dificultad para andar o realizar esfuerzos físicos. También problemas para respirar con normalidad, un aumento de la sudoración, dolores generalizados en las articulaciones o incluso alteraciones cutáneas como acné, descamaciones o irritaciones cutáneas.

## Overthinking

*Overthinking* es un término en inglés que se refiere a la tendencia a cavilar de forma obsesiva, a repetir incesantemente patrones de pensamiento que conducen a un círculo vicioso de preocupación, ansiedad, nerviosismo y dudas.

### ¿Por qué se produce?

La persona propensa al *overthinking* dedica buena parte de su tiempo libre —incluso de su tiempo ocupado— a darle vueltas a las cosas. Generalmente, este hábito malsano se presenta de forma más frecuente a la hora de solucionar problemas "cotidianos": laborales, familiares, de pareja, amistades, etc.

Esta tendencia al pensamiento rumiante es muy habitual, sobre todo cuando se trata de recordar sucesos pasados o imaginar acontecimientos futuros. En el primer caso, hay quien es capaz de pasar días y días analizando hasta en el más mínimo detalle una conversación pasada: se estudian los gestos y las palabras como si hubiera forma de dar marcha atrás en el tiempo para convertir esa conversación en algo "perfecto".

Así mismo, también se tiende al *overthinking* con los eventos futuros, preparando, por ejemplo, todos los pormenores de una reunión laboral más o menos relevante de forma obsesiva, hasta la posición física que se va a adoptar en la silla.

Es como una especie de tortura donde el pasado se revive una y otra vez y el futuro se imagina reiteradamente.
Si el ruido constante sobre el pasado y el futuro más intrascendentes ocupa buena parte de tu pensamiento es que estás abusando del *overthinking*, y esto es debido, principalmente, al miedo y al perfeccionismo.

Miedo al fracaso, a que las cosas salgan mal y, como consecuencia, nos atormentemos después. Y la creencia errónea —y peligrosa— de que somos capaces de alcanzar la perfección en nuestras acciones y comportamiento. Como si un día, allá en el futuro lejano, podamos sentarnos satisfechos en un sofá diciendo: "por fin lo he logrado, soy perfecto".

Así mismo, el miedo al fracaso atenaza y revuelve el pensamiento, incapacitando nuestra habilidad para transformar la reflexión en acción.

Por su parte, el perfeccionismo puede esconder altas dosis de egocentrismo, pero también de inseguridad y victimismo. Como tenemos una gran consideración sobre nuestras potenciales capacidades, pero nunca seremos capaces de alcanzarlas plenamente, permaneceremos siempre inmersos en un círculo vicioso de frustraciones, lamentos y maldiciones.

**Los peligros del *overthinking* (pensar demasiado)**
El tener muchos pensamientos repetitivos puede ser de lo más peligroso que hay. ¿Por qué deberías dejar de pensar una y otra vez en lo mismo?

¿El *overthinking* (pensar demasiado) no te deja tomar una sola decisión o concentrarte en lo que tienes que hacer?

El acto de "sobrepensar o pensar demasiado" puede estar asociado a problemas psicológicos como ansiedad o depresión, aunque para los expertos es difícil saber que aparece primero.

Amy Morin, psicoterapeuta y colaboradora habitual para Forbes Inc. en un artículo para esta plataforma sobre los 10 signos de pensar demasiado, plantea que esta condición involucra revivir continuamente el pasado y preocuparse excesivamente por el futuro. Además, dice que pueden existir 2 tipos de "*overthinking*":

Uno que es diferente a la "solución saludable de los problemas". Cuando estás en una situación difícil se produce como consecuencia un proceso sano de resolución de problemas solamente cuando es necesario. El pensar demasiado por otro lado en este caso, implica el insistir en ese problema una y otra vez.

Otro que es diferente a la "autoreflexión". La autoreflexión implica un aprendizaje y adquirir una perspectiva de uno mismo respecto a una situación definida y consta de un propósito. El pensar demasiado en este caso, es cambio ahondar en lo que no tienes control sobre ti y luego, pensar en lo mal que te hace sentir esto, con lo cual no puedes desarrollar una idea clara de la situación.

En sí, el pensar demasiado es como escuchar a tu mente dar vueltas infinitamente sin llegar a ningún lado, ni tampoco hacerlo desde una perspectiva sana y positiva. Puede que no entiendas su significado literal, pero si lo has experimentado, seguramente sabes a que me refiero.

### ¿Cuáles son los peligros a nivel físico y mental de pensar demasiado?

Todo tiene consecuencias, incluso darles mil vueltas a tus pensamientos.

**Puede aumentar el estrés**. Al estar afectada tu noción de claridad y tu capacidad para solucionar problemas, esto puede aumentar la sensación de estrés y conllevarte a experimentar algún problema de salud mental.

**Puede desencadenar ansiedad y depresión.** Los sentimientos de preocupación se intensifican y llega el miedo, la tristeza y la falta de esperanza. También, se puede manifestar con ira o irritabilidad que a la larga causan depresión y tendrás un mayor riesgo de experimentar una adicción.

**Afecta la respuesta del sistema inmune**. Las situaciones de estrés hacen que se produzcan innecesariamente hormonas o sustancias como el cortisol, lo cual puede ser en detrimento de tu sistema inmune y provocar diferentes desequilibrios.

**Te puede hacer perder tu creatividad.** Cuando todo está en calma en tu cerebro y en tu cabeza, todos los procesos cognitivos y creativos se desarrollan y suceden más fácil y naturalmente.

Si bien pensar demasiado puede generar ideas nuevas y frescas, también puede ser contraproducente y crear obstáculos mentales que hacen que sea un desafío pensar fuera de la caja.

Otro estudio que publicó la revista Scientific Reports descubrió que cuando ciertas partes del cerebro y procesos cognitivos están tranquilas, somos más creativos.

**Puede incrementar tu presión arterial y el riesgo de enfermedad cardiovascular.** A consecuencia del estrés, puede aumentar tu presión y agravar los factores que aumentan el riesgo de una cardiopatía igual que fumar, un aumento de los niveles de colesterol, una alimentación no saludable, etc.

**Altera tu sueño.** Al sentir que tu cerebro no se desconecta, se alterará tu patrón de sueño y la calidad de este. Se te dificultará conciliarlo y, por lo tanto, tendrás un sueño no reparador.

El cuerpo necesita entrar en un estado de calma para dormir: el ritmo cardíaco debe disminuir, al igual que la presión arterial y la respiración.

Analizar en exceso puede ser excitante, especialmente cuando los pensamientos son acelerados y esto puede sacarnos del estado calmado que el cuerpo necesita para dormir.

**Puedes tener cambios a nivel digestivo.** Cuando estás estresado o pensando una y otra vez, pueden aparecer malestares digestivos que a la larga causen síndrome de intestino irritable, gastritis o hasta úlceras en el tracto digestivo.

**Afecta tu memoria.** El pensar de más obviamente pone a trabajar de forma innecesaria tu cerebro y esto afecta tu capacidad cognitiva y puede obstaculizar tu memoria.

**Cambia tu apetito.** El estrés puede suprimir o exagerar el apetito mediante la secreción de ciertas hormonas con lo cual se afecta tu ingesta habitual de alimento.

Los especialistas sostienen que la gente lo hace para distraerse o incluso tranquilizarse.

**Puede paralizarte.** Por decirlo de alguna manera, puede fomentar la no acción, ya que te sentirás incapaz de tomar decisiones, de solucionar problemas y, por ende, de tomar acción y emprender.

Esto es llamado "parálisis por análisis", concepto que consiste en pensar en posibles consecuencias que pueden suceder, o simplemente preocuparse por ciertos resultados que pueden no ser de nuestro agrado.

## Esto es lo que le sucede al cuerpo cuando piensas demasiado

Repetir conversaciones pasadas, reflexionar sobre las elecciones o quedar atrapado en un túnel de escenarios de "¿qué pasaría si...", son algunos de los síntomas del pensamiento excesivo.

El exceso de información satura la corteza cerebral, produciendo una mente hiperpensante, agitada, con bajo nivel de tolerancia, impaciente y sin creatividad.

La sobrecarga de información, la exigencia de realizar varias actividades a la vez y la acumulación de preocupaciones tienen nefastas consecuencias en el bienestar físico y psicológico y pueden acelerar la mente a una velocidad aterradora. En la era digital, esto está pasando con una intensidad nunca vista.

Un estudio encontró que el 73% de los adultos entre las edades de 25 y 35 piensan demasiado, al igual que el 52% de las personas de 45 a 55 años.

Curiosamente, la investigación ha encontrado que muchos pensadores excesivos creen que en realidad se están haciendo un favor al repetir sus pensamientos. Pero la verdad del asunto es que, como ya has comprobado, pensar demasiado es un juego peligroso que puede tener muchas consecuencias negativas para nuestro bienestar.

"Pensar es bueno; pensar con conciencia crítica es todavía mejor, pero pensar en exceso es una bomba contra la calidad de vida", sostuvo el reconocido psiquiatra, investigador y escritor Augusto Cury.

¿Todo esto te suena conocido?

El aceleramiento intenso de la construcción de pensamientos predispone, entre otras cosas, a la insatisfacción crónica, el retraso de la madurez emocional, el desamparo emocional y el desarrollo de trastornos psiquiátricos, a enfermedades psicosomáticas, compromete la creatividad y el desempeño intelectual global, deteriora las relaciones sociales y dificulta la capacidad para trabajar en equipo y cooperar socialmente.

Las consecuencias emocionales, intelectuales, sociales y físicas del pensamiento acelerado son enormes. Y aunque no siempre se manifiestan en el presente, con certeza aparecerán en el futuro.

"En esta sociedad estresante, rápida y agitada no es fácil resolver este tema por completo. Pero, si no fuera posible eliminarlo, los seres humanos necesitamos y debemos manejarlo y para hacerlo, es vital ser lo más libre posible para pensar sin ser esclavo de los pensamientos. Poder evitar el sufrimiento de la anticipación y depurar la mente a través de la técnica del DCD (dudar, criticar y determinar) es clave".

Dentro de los puntos más importantes para prevenir este estado, aprender a gestionar los pensamientos intrusivos cuando aparezcan es uno de los principales. "Uno no puede dejar que la mente piense lo que quiere cuando quiera, ni sufrir o preocuparse con anticipación. La mente es un vehículo y desafortunadamente la gran mayoría de los seres humanos no hemso aprendido nada sobre cómo manejar los pensamientos", concluyó Cury.

### Cuando pensar "demasiado" sí es positivo

Para completar nuestro entendimiento del concepto de *overthinking* debemos diferenciar esta clase de cavilaciones de la reflexión más serena.

El *overthinking* es especialmente negativo cuando aparece vinculado a sucesos cotidianos, pequeños problemas y contratiempos diarios a los que comúnmente dedicamos más tiempo de lo que se merecen: una discusión familiar, un mal día en el trabajo, una conversación poco gratificante en el Whatsapp o incluso la derrota de tu equipo preferido.

Si hacemos una sencilla operación matemática de la cantidad de tiempo que gastamos pensando en todos esos sucesos cotidianos, nos daremos cuenta de que ocupan buena parte de nuestra mente a lo largo del día, agotando en muchos casos nuestro depósito de energía mental, hasta el punto de no tener tiempo o fuerza para "otra" clase de pensamiento.

Y esa otra clase de reflexiones son las que se producen cuando la mente está en "modo sereno" y surgen las "grandes" ideas, esas que van un poco más allá de una reunión o el rayón en tu flamante coche nuevo.

Al fin y al cabo, el mundo avanza gracias a que somos capaces de pensar "demasiado" sobre las grandes cuestiones humanas, sin olvidar, en este sentido, que la duda —no la duda de qué camisa me pongo para deslumbrar en la presentación, si la rosa o la azul— es la base de la ciencia, la filosofía y el motor del conocimiento.

Ya lo dijo el filósofo francés Pedro Abelardo inspirado por Aristóteles: "El principio de la sabiduría se encuentra en la duda; al dudar llegamos a la pregunta y al buscar la respuesta podemos llegar a la verdad".

# CAPÍTULO 3

# Rompe el ciclo: técnicas para controlar el pensamiento excesivo

## ¿Atrapado por tus propios pensamientos?

Miras el techo de tu habitación, deseando irte a dormir. Los pensamientos corren por tu cabeza, manteniendo a tu mente como rehén. O reflexionas sobre la incómoda conversación que tuviste con tu jefe de camino a casa desde el trabajo.

Pensar demasiado puede suceder en cualquier momento del día o de la noche y puede dejar a las personas congeladas en la indecisión.

Las personas a menudo están atrapadas por sus propios pensamientos, porque se esfuerzan por alcanzar la perfección o están tratando de encontrar una manera de controlar una situación, dijo Kimber Shelton, psicóloga y propietaria de KLS Counseling & Consulting Services en Duncanville, Texas.

"Queremos descubrir todos los ángulos y ser capaces de controlar lo que sucedería si esto ocurriera, y nos atascamos en este proceso de pensar demasiado", indica.
Cuando la gente piensa demasiado, dijo Shelton, sus pensamientos comienzan a dar vueltas y no pueden encontrar una conclusión.

Los pensamientos de eventos pasados mal manejados o vergonzosos también pueden perturbar a las personas y llevarlas a reproducir los eventos en su cabeza una y otra vez, agregó.

"Los que piensan demasiado tienen problemas para priorizar sus problemas y comprender qué problemas están o no bajo su control" dijo Deborah Serani, psicóloga y profesora adjunta del Instituto Gordon F. Derner de Estudios Psicológicos Avanzados de la Universidad Adelphi en Garden City, Nueva York.

## ¿Cómo romper el ciclo de pensar demasiado?

Serani creó un proceso de cinco pasos para escapar del ciclo interminable de pensar demasiado.

**Paso 1:** El primer paso es ser consciente cuando estás pensando demasiado. A veces, otras personas te lo señalarán y, si bien puede ser irritante escucharlo, es útil para aprender a detectarlo en tu interior.

En su caso, Serani dijo que sus palmas se ponen sudorosas y su corazón comienza a latir más rápido cuando piensa demasiado.

**Paso 2:** El siguiente paso es mirar hacia atrás y obtener una perspectiva de aquello en lo que estás pensando demasiado y de si tienes algún control sobre ello. "¿Estoy pensando en algo que está más allá de mi control, o es algo que puedo controlar?", expresa Serani.

Es posible que no puedas controlar el tráfico, pero tal vez puedas controlar la ruta que tomarás la próxima vez, el GPS que usas para sortear los atascos, la bebida en tu portavasos y cómo reaccionas ante la situación.

Si es algo que no puedes controlar, puedes decirte a ti mismo: "Tengo que priorizar realmente lo que tengo la capacidad de cambiar" y el tráfico es algo que yo no puedo cambiar, puntualiza la psicóloga.

**Paso 3:** Si la situación está bajo tu control, el tercer paso es estar en el momento y aislar el problema singular. Respira profunda y lentamente tres veces, inhalando por la nariz y exhalando por la boca. Concéntrate en la sensación del aire entrando y saliendo. Anota tu problema en una hoja y sus posibles soluciones. Toma una decisión o posponlo para otro momento en el que tengas la mente más despejada.

**Paso 4:** Una vez que hayas identificado un problema, lo siguiente es establecer un límite de tiempo sobre el tiempo que te vas a dedicar a resolver el problema.

Es importante no caer en darle vueltas una y otra vez al problema, ya que no es efectivo para resolver el problema en cuestión, acota Serani.

Por ejemplo, si estás atrapado en el tráfico y vas a llegar tarde a una cita, puedes convertirte en un solucionador de problemas y buscar rutas alternativas, llamar a la persona con la que se reunirá para informarle de que llegará tarde o respirar profundamente mientras escucha la radio.

La profesora explica que alguien que se queda dándole vueltas al problema podría pensar: "no puedo creer que esté atrapado en el tráfico" o "voy a llegar tarde a esta cita; eso me deja muy mal profesionalmente".

**Paso 5:** El paso final es reconocer los pequeños pasos que diste para resolver tu problema, incluso si no pudiste resolverlo por completo. "Vas a celebrar el hecho de que tomaste una situación, reconociste que estabas pensando demasiado y que trataste de resolver el problema".

Es posible que muchas personas no tengan éxito el primer par de veces que practican este método, y ella enfatizó que es normal sentirse así.

## ¿Cómo dejar de pensar en algo?

Existen una serie de estrategias que te permiten dejar de pensar en ciertos problemas, ideas, o personas. Entre ellas, podemos encontrar los siguientes consejos para saber cómo relajar la mente y no pensar en nada, así que toma nota:

**Sal de tu cabeza:** a veces no nos damos cuenta de que estamos demasiado sumergidos en nuestros pensamientos. Por ello, para saber cómo controlar los pensamientos que te tienen absorto es importante que intentes 'salir' de tu cabeza.

Para hacerlo podemos recurrir a distraernos con actividades que nos gusten, esto puede ser pintar, bailar, cantar, tejer, cuidar tus plantas o tu jardín, hacer ejercicio, escribir, aprender un idioma, en fin, cualquier cosa que te guste y te distraiga positivamente.

**Razona con tus pensamientos:** normalmente estos problemas para pensar suelen ser debidos a creencias irracionales sobre nosotros o sobre los demás. De este modo, es muy aconsejable intentar controlar estos pensamientos razonando con ellos.

**Aprende a vivir en el presente:** centrar tu atención en aquello que estás haciendo te ayudará a dejar de pensar en alguien o ciertos problemas. La meditación o el *mindfulness* son dos prácticas que te ayudarán a conseguir este hábito.

**Escribe tus pensamientos**: en lugar de mantener los pensamientos en tu cabeza, escríbelos en un diario. Esto hace que le demos menos peso a esos pensamientos y nos ayuda a dejar de pensar en ello.

**"Saturarnos del pensamiento":** por saturación muchas veces se logra un efecto paradójico: recreándonos y concentrándonos en pensar y repensar sin límite aquello que queremos evitar pensar, lo que haremos es saturarnos y luego durante el día ese pensamiento posiblemente no nos vuelva con tanta intensidad.

**Acude a terapia:** el pensar demasiado, sobre todo cuando es en exceso, puede estar asociado en ciertos casos a algunos problemas de salud mental. Por ello, si esta ansiedad de pensamientos excesivos te está resultando una traba para ser feliz, quizá sea necesario recurrir a un psicólogo/a profesional.

## ¿Cómo poner freno al *overthinking?*

Detener esta tormenta de ideas obsesivas que dan vueltas una y otra vez en tu cabeza no es un proceso sencillo. No es tan fácil como tocar el botón de *off* para "apagar" nuestro cerebro, pero existen diferentes opciones más o menos prácticas que te pueden ayudar a poner freno al exceso de pensamiento recurrente.

## Redirige tu pensamiento

No podemos apagar la mente, nuestro cerebro se halla en una constante ebullición de ideas. Pero sí podemos redirigir esos pensamientos hacia ámbitos menos lesivos y hacia acciones constructivas. Para empezar, debemos aprender a relajarnos y desconectar.

No está mal buscar diferentes soluciones a un problema, pero si tras un tiempo razonable no hemos sido capaces de "dar con la tecla", es mejor dejarlo. Hasta nueva orden, al menos. Incluso, en algunas situaciones, si no somos capaces de dar con la solución en un tiempo razonable, es que, tal vez, no hacer nada al respecto sea justamente la "solución".

En este sentido, hay que recordar que es inútil intentar controlarlo todo e intervenir en todas las situaciones para demostrar nuestra valía y capacidad. Al contrario, ceder y delegar es un acto de modestia e inteligencia práctica.

Así mismo, otra forma de redirigir el pensamiento es cambiar radicalmente de tercio. Si no puedes con una cosa que te preocupa, ocúpate de otra diferente. Ya verás qué pronto la primera situación ya no parece tan preocupante.

Al fin y al cabo, redirigir la mente conlleva controlar el pensamiento, en vez de que te controle a ti. Porque, como decíamos, no somos capaces de dejar de pensar... ¿o sí?

## Medita

No son pocas las diferentes técnicas de meditación que ayudan a desembrollar la confusión del pensamiento y la habitual ebullición de ideas. Con tan solo unos minutos al día, la meditación puede suponer para ti esa recarga de energía mental imprescindible para afrontar cualquier reto.

Los defensores de esta fórmula definen la meditación como una suerte de ejercicio mental comparable al que practicamos con nuestro físico. Pero como sucede con cualquier ejercicio, también necesitas un periodo de aprendizaje.

Y es que la meditación no consiste exactamente en dejar la "mente en blanco", sino en manejar el pensamiento, gestionando justamente esos pensamientos obsesivos hasta distanciarnos de ellos lo suficiente como para visualizar su esencia y resolverlos de forma sencilla.

Así, por ejemplo, la meditación trascendental del célebre Maharishi Mahesh Yogi —o del cineasta David Lynch—busca un estado de conciencia pleno, pero libre de cualquier control mental. Analizado desde un punto de vista científico en diversos estudios, se considera una actividad que puede reducir el estrés y aumentar la flexibilidad psicológica.

En internet hay muchos ejemplos de meditación guiada, puedes buscar y seleccionar el que más te guste, también puedes buscar una escuela o algún instructor capacitado.

**Relativiza pasado y futuro**
Ya sabes lo que dicen: si vives con un pie en el pasado y otro en el futuro, tu presente pasa de largo.

Vivir el presente es un mantra que nos persigue desde el principio de los tiempos, tan sencillo de entender y tan complicado de aplicar.

Pero vivir el presente no supone olvidar el pasado y negar el futuro, eso sería imposible además de irresponsable. Todos tenemos un pasado y un porvenir que apuntalan nuestra identidad. Pero no debemos caer en la trampa de vivir de espaldas al presente, algo muy habitual en las personas con tendencia al *overthinking*.

Si ocupas buena parte de tu tiempo resolviendo mentalmente el pasado y sacando el paraguas para los tormentos del futuro, te pierdes la belleza del instante.

¿Hace cuánto que no observas detenidamente ese árbol que está frente a tu casa, o ese pájaro que pía en tu ventana cada mañana? ¿Demasiado ocupado resolviendo tu (pequeño) mundo?

Tranquilo, tu mundo seguirá girando, aunque dediques un poco de tiempo a disfrutar del presente. Y lo que es más importante, tu mente y tu cuerpo te lo agradecerán.

## Higiene del sueño: 8 formas de entrenar tu cerebro para dormir mejor

### Relajarte por la noche

Pensar demasiado afecta a muchas personas por la noche mientras dan vueltas en la cama.

Si los pensamientos incesantes te mantienen despierto, Shelton te recomienda que programes un tiempo para pensar demasiado. "Me concederé cinco minutos y permitiré que mi cerebro vaya a donde sea necesario", dijo. Después de haber cumplido esos 5 minutos, pasa a otra tarea.

Participa en algunas actividades relajantes de cuidado personal, como bañarte, meditar o escuchar música.

Otra estrategia es escribir tus preocupaciones para permitir que tus pensamientos escapen de tu cerebro. Pueden anotarse mientras piensas en ellos, o puedes crear una lista de pros y contras de aquello en lo que estés pensando.

## Respiraciones profundas

Es un hecho. El acto de respirar de forma lenta, cómoda y profunda ralentiza los latidos del corazón y le dice a nuestro sistema nervioso que se relaje. Haz diez respiraciones profundas inhalando por la nariz, aguantando de 5 a 10 segundos el aire en tu interior y exhalando por la boca lo más lentamente posible que puedas sin forzarte o sentirte incómodo o mareado.

## Meditar

Lo digo y lo vuelvo a repetir a lo largo de todo el libro: medita. Creas o no creas que es para ti, créeme: es para ti. Medita si te encuentras agobiado, si tienes ansiedad o sientes estrés. Medita incluso si has tenido un gran día. No hablamos en este caso del tema espiritual sino de una evidencia científica. El cerrar los ojos con una música relajante sin letra de fondo y respirar tranquilamente nos aisla de todo lo demás. Le recuerda a tu mente que puede reducir su ritmo de vez en cuando. Y desde luego, a ti te permite evadirte de tus responsabilidades durante unos instantes. Y eso, es algo mágico, saludable y muy necesario. Permítete desconectar durante 6 minutos al día. Y quizá me digas "pero yo no tengo tiempo". ¿No estás acaso leyendo este libro ahora mismo? ¿no tienes cinco minutos al día para dedicarte a cuidar de tu salud mental? Seguro que sí. Date unas vacaciones mentales y medita hoy mismo. Te aseguro que sólo cosas buenas pueden pasarte cuando practiques la meditación.

## Intenta no pensar demasiado mientras meditas

La meditación es una práctica común de cuidado personal que se enfoca en tener una mente libre de pensamientos. Para un pensador excesivo, esto puede resultar especialmente difícil.

Cuando encuentres que tu mente divaga durante la meditación, es decir, cuando un pensamiento aparece de repente, simplemente déjalo pasar, no lo desarrolles y vuelve a enfocar tu mente en tu respiración.

La cuestión no es no pensar. La cuestión es no desarrollar esos pensamientos que surgen espontáneamente y centrar tu atención en tu respiración de nuevo. Así ganarás unos preciosos segundos de silencio y calma hasta tu próximo pensamiento. Y esos intantes son oro puro para tu salud mental y bienestar.

Si eres un principiante, empieza con 30 segundos de meditación y luego ve aumentando lentamente hasta tiempos más largos.

La meditación no es algo que todos puedan hacer con facilidad al principio. Como todo necesita práctica y paciencia, así que no pienses que estás fallando si no puedes hacerlo.

## Practica ejercicio

Sí, lo sé, lo habrás oído muchas veces. Pero hacer ejercicio es uno de los antidepresores y relajantes mentales más poderosos que existe. No sólo tendrás innumerables y enormes beneficios a nivel físico, sino también a nivel mental. Te hará sentir más calmado a lo largo del día, más positivo, más enfocado y animado y te ayudará a conciliar el sueño con facilidad.

Dedica al menos treinta minutos de 3 a 5 veces a la semana a practicar cualquier deporte o ejercicio moderado. Si no tienes equipo, anda rápido. Ve a nadar, juega padel con tu pareja. Haz unas flexiones y unas sentadillas o, si te sientes motivado, unas tablas que encuentres por internet de ejercicios de alta intensidad, tabata, calistenia o crossfit. Serán 15-20 minutos de ejercicio y trabajarás todos los músculos del cuerpo. Y no solo te sentirás de maravilla, sino que empezarás también a verte mejor físicamente.

### Vigila tu alimentación por la noche
Cenar pesado o de forma poco saludable empeorará nuestra calidad de sueño y también hará más difícil que conciliemos el sueño con facilidad.

Evita consumir cantidades excesivas de comida, fritos o dulces antes de ir a la cama y, de ser posible, cena de tres a cuatro horas antes de irte a dormir. Eso hará que tu cuerpo esté más ligero y que no tengas problemas a la hora de descansar correctamente.

### Toma infusiones relajantes
Cualquier infusión sirve, mientras sea caliente. El hecho de tomar un líquido caliente por la noche regula nuestra presión arterial y nos prepara para nuestro merecido descanso.

Las mejores infusiones relajantes son la melisa, valeriana, manzanilla, pasiflora, lavanda, hierbaluisa y tila.

### Buscar ayuda profesional
Si te das cuenta de que piensas demasiado durante semanas o meses, puede ser el momento de buscar ayuda profesional. Podrías acabar teniendo un trastorno mental, como ansiedad generalizada.

*"La ansiedad generalizada es una experiencia muy común, particularmente desde que comenzó el covid, porque hay mucha presión con la pandemia y los cambios de vida"*, declara Serani.

Pensar demasiado también puede ser provocado por un trauma pasado, agrega Shelton.

La terapia puede ayudar a sanar ese trauma para que "nuestros pensamientos ya no sean dictados por un evento pasado y podamos crear pensamientos que estén más basados en la realidad actual".

## Lo más importante: ¿cómo dejar el sobrepeso mental atrás y volver a tener nuestra mente saludable?

Para evitar que nos asedie la toxicidad mental no se debe permitir que los pensamientos nos dominen.

Es decir, es necesario aprender a controlarlos. Y para ello puedes poner en práctica los siguientes consejos:

**Descansa la mente:** prácticas artísticas como la pintura pueden ayudarte a liberar tensión y a reemplazar los pensamientos basura por otros más productivos. La lectura, el cine o acudir a talleres y seminarios también nos hacen descansar mentalmente.

**Elimina toxinas sociales:** identifica las relaciones sociales que pueden estar perjudicándote. Si te rodeas de personas demasiado críticas, terminarás haciendo lo mismo. Busca un entorno más enriquecedor y que te transmita fuerza, energía y positividad.

**Parada del pensamiento:** pon un alto a esa recurrencia tóxica. Por paradójico que parezca, concéntrate al máximo en esas ideas negativas. Y después de unos minutos dedicados íntegramente a ellas, córtalas radical y bruscamente. Vacía la mente.

Si los pensamientos negativos se tienen de vez en cuando, su incidencia física será prácticamente inapreciable. Pero al tenerlos presentes de manera constante, pueden llegar a inhibir nuestras capacidades y a menguar nuestra calidad de vida.

Las personas que tienen sobrepeso mental buscan apartarse de su propia realidad. Son individuos que necesitan descargar sus pensamientos improductivos y liberarse de todas las emociones desagradables que estos les producen. No dejemos que nos contaminen.

Si cuidamos la calidad de nuestros pensamientos, estaremos cuidando de la calidad de nuestra vida. No lo olvidemos. Recuerda algunas técnicas para conseguir superar el pensamiento excesivo:

**¿Cómo pararlo?**
- Distrae y ocupa la mente.
- Crea consciencia del momento presente.
- Haz ejercicio.
- Medita o haz ejercicios que promuevan la respiración profunda.
- Enfócate en encontrar una solución en vez de enfocarte en el problema.
- Desconéctate y establece momentos con tiempo definido para la reflexión.
- Explora nuevas formas de sentirte bien como el prestar algún servicio o hacer un voluntariado.

- Reconoce los pensamientos negativos y trabaja en transformarlos a positivos.
- Come conscientemente, de forma saludable y proporcional.
- Sal y haz actividades en exteriores.
- Escribe tus pensamientos en un papel y leélos de nuevo. Así les quitarás importancia y los podrás observar con mayor objetividad.

# CAPÍTULO 4

# Rumiación y ansiedad: causas, consecuencias, cómo mejorarlas y test

## ¿Qué es la rumiación?

La rumiación es un proceso cognitivo, que ha recibido una gran confirmación empírica (basada en la evidencia) en la investigación clínica y que es considerado un factor que participa en diversos desórdenes emocionales: depresión, ansiedad, trastornos de alimentación, abuso de sustancias, descontrol de impulsos, ira, entre otros, e interfiere en la solución efectiva de problemas.

La rumiación ha sido considerada un estilo de respuesta ante el malestar, que se caracteriza por largas cadenas de pensamientos repetitivos, cíclicos, autofocalizados, como por ejemplo:

- ¿Por qué reacciono de esta manera?
- ¿Por qué no puedo concentrarme?
- ¿Por qué estoy tan cansado?
- ¿Por qué no me siento bien con nada?
- ¿Por qué yo me deprimo y otros no?
- "Si no consigo sentirme mejor, no podré terminar esta tarea y me despedirán", y pensamientos parecidos que incrementan el malestar y propician una reflexión pasiva y recurrente, que no guía hacia la solución activa de problemas.

Diversas investigaciones han identificado que es el componente "cavilativo" y pasivo el que resulta más desadaptativo y dañino.

La cavilación pasiva contribuye al incremento de pensamientos automáticos negativos coherentes con el estado de ánimo, que incrementan a la vez las amenazas y posibles consecuencias negativas, constituyendo círculos improductivos de pensamiento que favorecen explicaciones pesimistas y fatalistas.

En definitiva, entramos en el bucle: pensamos mal luego nos sentimos mal, ergo, pensamos mal y repetimso todo el ciclo de nuevo una y otra vez.

Por otra parte, esta autofocalización y pensamiento recurrente interfieren con recursos atencionales, dificultando la concentración, aumentando la probabilidad de errores en la solución efectiva de problemas, lo que a la vez contribuye a sentimientos de impotencia e incapacidad para controlar las situaciones y las circunstancias.

La rumiación y la preocupación son dos procesos cognitivos que están estrechamente relacionados, que comparten ciertas características y consecuencias, si bien se pueden distinguir principalmente por su orientación temporal. Mientras la rumiación está centrada en eventos presentes o del pasado, la preocupación está orientada hacia amenazas potenciales futuras.

Distinguirlas es importante ya que nos ayudará a identificar y escoger la mejor estrategia para hacer frente a la situación.

### ¿Cómo salir del bucle de la rumiación?

Adopta una actitud proactiva, sal del pensamiento obsesivo o reflexión pasiva sobre los problemas o tu situación actual, recupera el contacto con otras perspectivas de tu realidad actual: ríe, habla, escribe, canta, llora, baila, escucha música, ordena la casa, cocina, medita, lee, respira profundamente... las soluciones son muchas.

Identifica cuál es el principal temor o fuente de malestar que está activando tus pensamientos repetitivos u obsesivos. ¿Se relaciona con algo del pasado, presente o futuro? Y lo más importante, a mi parecer ¿hay algo que puedas hacer para cambiar la situación?

a) Si la respuesta es afirmativa, oriéntate hacia las posibles soluciones. En este caso, aunque puede parecer paradójico preguntarse sobre qué es lo peor que puede pasar, en ocasiones contribuye a poner en perspectiva la realidad más probable y manejar las consecuencias. Considera los errores como oportunidades de aprendizaje y crecimiento personal. No hay una sola e infalible forma de hacer frente al malestar. Creatividad y flexibilidad son una llave para el desarrollo de tu potencial.

Y recuerda que todos cometemos errores. Es más, todo aquellos que han triunfado en la historia, acumularon, antes de triunfar, más cantidad de errores que el resto de personas que no triunfaron tanto.

b) En caso contrario, disponte a dejar ir lo que no depende de ti y concéntrate en lo que sí depende de ti: cómo llevarlo mejor. Establece metas concretas que contribuyan a mejorar tu estado de ánimo. Aquí la distracción y la realización de actividades gratificantes te ayudarán a centrarte en el presente y aumentará gradualmente tu sensación de autocontrol y orientación.

Salir a dar un paseo, una caminata o practicar ejercicio físico, te ayudará a cambiar el curso de tus pensamientos, permitiendo un nuevo enfoque a la situación.

**Habla con alguna persona amiga.** Poner palabras a tus pensamientos rumiativos permite organizar ideas y estructurar un discurso coherente permitiendo una visión más realista de las cosas.

Escribe tus pensamientos en un papel o en el ordenador. Permite organizar y estructurar pensamientos y clarificar los motivos o funciones que están cumpliendo el pensamiento obsesivo, los pensamientos rumiativos o la reflexión pasiva.

**Diferencias entre pensamiento reflexivo y rumiación**

¿Cuántas veces nos hemos encontrado ante la siguiente situación?: Tenemos un problema o malestar sobre el que pensamos y reflexionamos, pero lejos de obtener claridad y calma, o aproximarnos a una solución, nos vemos envueltos y atrapados en un bucle de pensamientos que solo consigue incrementar nuestra confusión y nuestro malestar. Esto es pensamiento obsesivo.

Me refiero a ese momento en el que el pensamiento reflexivo se transforma en rumiación o pensamiento obsesivo, ese instante en el que los pensamientos dejan de ser una salida para convertirse en el propio laberinto.

**¿No nos han dicho siempre que hay que pensar las cosas dos veces?**

Existen situaciones o épocas con muchas exigencias o demandas, tanto internas como externas, que incrementan respuestas habituales de estrés –ansiedad, enfado, nerviosismo, tristeza...– y que suelen acompañarse de pensamientos que se repiten y que parecen tomar el control de nuestra mente, contribuyendo a una gran confusión, fatiga mental y cansancio físico y emocional.

En estos momentos surgen dudas sobre el beneficio que tiene "el pensar las cosas" o reflexionar sobre nuestros problemas o emociones, ya que no parece contribuir en absoluto a resolver las situaciones o disminuir el malestar.

Sin embargo... ¿no es acaso el pensamiento reflexivo una de las claves para encontrar soluciones efectivas a los problemas, aprender de nuestros errores y cambiar nuestra emoción?

Todas las emociones, especialmente las no placenteras, son parte de nuestro equipamiento para la supervivencia y nos permiten afrontar y reorientar nuestra conducta para restablecer el equilibrio y el bienestar.

Los pensamientos, memoria y atención forman parte de procesos cognitivos íntimamente ligados a las emociones y al aprendizaje experiencial. Nos permiten elaborar, filtrar e interpretar la realidad externa e interna, influyendo de manera significativa en las vivencias emocionales.

Sin embargo, en ocasiones tendemos a creer que nuestros pensamientos son hechos reales y es entonces cuando se hace necesario reflexionar sobre cómo estamos pensando sobre nuestra realidad.

Muchas veces actuar "dándole vueltas a las cosas" es una tendencia, algo característico en nuestra forma de hacer frente a los problemas. Por ejemplo, tras haber cometido un error, aparecen sentimientos desagradables o incómodos como la vergüenza, la culpa, la tristeza, el enfado o la ansiedad.

Con frecuencia, los pacientes acuden a consulta psicológica manifestando dificultades para manejar sus pensamientos: "no consigo dejar de darle vueltas a las cosas". "Creo que voy a enloquecer si no dejo de pensar y de darle vueltas a todo" y esperan que los ayuden a parar la mente o a dejar de pensar.

Lo cierto es que cuando los pensamientos repetitivos o recurrentes invaden la mente, pueden convertirse ellos mismos en el problema, aumentando el malestar que los motivó originalmente. Pero, sobre todo, se dificulta la puesta en marcha de soluciones eficaces a los problemas.

No se trata de suprimir el pensamiento sobre nuestras emociones, ni de dejar de expresar lo que sentimos, ya que eso también tiene consecuencias desadaptativas sobre nuestra gestión emocional.

**La dicotomía no es:** pensar o no pensar sobre nuestros problemas. La cuestión central es el modo en el que pensamos.

**Las preguntas que debemos hacernos son:** por qué, para qué, qué esperamos conseguir pensando sobre el problema o el malestar.

Esto nos dará pistas para poner en marcha alternativas más adaptativas, productivas o beneficiosas.

# ¿Qué profesional me puede ayudar?

El diagnóstico del Síndrome del Pensamiento Acelerado es realizado por el psicólogo y/o psiquiatra, mediante la realización de un examen médico específico y escuchando los síntomas referidos por el paciente y su historial.

Los síntomas son varios, pero pueden ser identificados fácilmente:

- Ansiedad.
- Dificultad para concentrarse.
- Lapsos de pérdida de memoria.
- Cansancio.
- Insomnio
- Irritabilidad.
- Desasosiego.
- Intolerancia a la contrariedad.
- Cambio de humor.
- Insatisfacción constante.

**Síntomas psicosomáticos:**
- Dolor de cabeza.
- Dolores musculares.
- Caída de cabello.
- Gastritis.

## ¿Cómo es el tratamiento?
El tratamiento consiste en combinar la psicoterapia, que ayuda en la gestión de las emociones y el control de los pensamientos y la adaptación de buenos hábitos de vida, tales como:
- Actividad física regular.
- Momentos de relajación y ocio.
- Evitar largas jornadas de trabajo.
- Desconectar del teléfono y las redes sociales.
- Encuentros agradables con amigos.

- Ocuparse de lo que es realmente importante en cada momento.
- Dejar de ver los informativos para evitar influencias negativas de noticias que pueden provocarte estrés, miedo, rabia, etc.
- Reducir el ritmo acelerado de tus horarios.
- Relajarse.
- Organizarse y adaptarse.

Es muy importante organizar la vida, la mente, ocuparse de lo que realmente importa. Se debe aprender a silenciar la mente, practicando meditación, atención plena, yoga y otras actividades físicas.

Entrena tu mente para la contemplación y entra en contacto con la naturaleza. Protege tus emociones, ríe y sonríe.

Los cuidados con la alimentación y el cuerpo son esenciales. También es importante controlar el acceso a la tecnología e información, evitando excesos.

# El test de ansiedad

### ¿Cómo saber si tienes ansiedad?

En el siguiente test orientativo podrás autoevaluarte con respecto a la ansiedad.

Al acabar verás los resultados en función de la mayoría de tus respuestas y los puntos obtenidos.

Recuerda que es algo orientativo y que no sustituye a una evaluación hecha por un profesional.

¿Con qué frecuencia tienes cada síntoma? Selecciona las opciones que más se ajusten a ti, desde «nunca» a «casi todos los días».

1. Sensación de agobio, de angustia
Nunca
En alguna ocasión
A menudo
Casi todos los días

2. Sensación de inquietud, nervios, intranquilidad
Nunca
En alguna ocasión
A menudo
Casi todos los días

3. Corazón acelerado o palpitaciones (sin enfermedades que lo justifiquen)
Nunca
En alguna ocasión
A menudo
Casi todos los días

4. Sensación de fatiga
Nunca
En alguna ocasión
A menudo
Casi todos los días

5. Problemas para descansar y para dormir (tardas en hacerlo, te despiertas a menudo, tienes pesadillas...)
Nunca
En alguna ocasión
A menudo

Casi todos los días

6. Tensión muscular o dolores en algunas partes del cuerpo (como cuello, espalda, mandíbula, o extremidades)
Nunca
En alguna ocasión
A menudo
Casi todos los días

7. Presión en el pecho, sensación de ahogo o de que cuesta respirar
Nunca
En alguna ocasión
A menudo
Casi todos los días

8. Dolor de tripa, náuseas o vómitos
Nunca
En alguna ocasión
A menudo
Casi todos los días

9. Problemas de concentración (incluso en tareas sencillas)
Nunca
En alguna ocasión
A menudo
Casi todos los días

10. Incapacidad de pensar claramente o bloqueo mental
Nunca
En alguna ocasión
A menudo
Casi todos los días

11. Pensamientos anticipatorios, negativos o catastróficos
Nunca
En alguna ocasión
A menudo
Casi todos los días

12. Faltas de memoria, te cuesta recordar cosas
Nunca
En alguna ocasión
A menudo
Casi todos los días

13. Inseguridad a la hora de tomar decisiones (incluso simples)
Nunca
En alguna ocasión
A menudo
Casi todos los días

14. Pensamientos rumiativos (le das muchas vueltas a las cosas)
Nunca
En alguna ocasión
A menudo
Casi todos los días

15. Fumar o beber más de lo habitual
Nunca
En alguna ocasión
A menudo
Casi todos los días

16. Evitar determinadas situaciones
Nunca
En alguna ocasión

A menudo
Casi todos los días

17. Cambios en el apetito
Nunca
En alguna ocasión
A menudo
Casi todos los días

18. Cambios en la conducta sexual
Nunca
En alguna ocasión
A menudo
Casi todos los días

19. Llorar más de lo habitual
Nunca
En alguna ocasión
A menudo
Casi todos los días

20. Cambios de humor, irritabilidad
Nunca
En alguna ocasión
A menudo
Casi todos los días

Si has seleccionado en más de diez respuestas las opciones "a menudo" o "casi todos los días", entonces seguramente estés pensando en exceso. Si te identificas y si además ves que tienes esos u otros síntomas de ansiedad, entonces seguramente estés padeciendo ansiedad. Pero no te preocupes, el primer paso para resolver algo, es reconocer su existencia, así que ya estás un paso más cerca de solucionarlo.

Un test así nunca podrá evaluar de manera empírica un trastorno de ansiedad generalizada (TAG) o ninguna psicopatología concreta (como depresión o un trastorno obsesivo compulsivo).

Es simplemente un test de autoevaluación muy básico, que sirve para darte, de manera orientativa, una idea de en qué nivel de ansiedad estás.

Puede servirte para ti, o para empezar a preguntarte cómo ayudar a alguien con ansiedad.

Pero este autodiagnóstico nunca sustituirá el criterio de un profesional que te haya evaluado.

¿Es un test solo para saber si tienes ansiedad o depresión?

Eso es algo que no te podemos decir con la puntuación resultante de un test de 20 preguntas. La salud mental es más compleja. Tanto la ansiedad como la depresión son complicadas y lo difícil es saber de dónde viene y por qué se produjo en un principio.

## Descubrir qué causa la ansiedad y qué podemos hacer

Para ello, puedes acudir a un profesional. En este caso, un psicólogo/a.

En terapia psicológica descubrirás que la ansiedad se supera poco a poco, viendo cosas como:
- Qué causa tiene esa ansiedad o sensación de angustia.
- Cómo te ha afectado hasta ahora.
- Creencias irracionales que tienes.

- Cómo prevenirla.
- Herramientas y técnicas para calmar la ansiedad cuando aparece.

En efecto: siento preocupación excesiva, ansiedad, ganas de llorar...

Lo primero de todo. Es importante recalcarlo: sentir ansiedad es normal.

Muchas veces no aceptamos esta emoción, o incluso nos culpamos por tenerla, lo cual puede empeorar aún más lo síntomas. Sin embargo, ¿a que nunca te planteas si no deberías sentirte feliz? Con la ansiedad es lo mismo: es una reacción necesaria, adaptativa (cumple una función).

Se trata generalmente de un sentimiento puntual y pasajero, se convierte en un problema cuando nos quedamos anclados en ella.

**Las emociones están ahí para avisarnos, para ponernos en alerta de que algo pasa:** ansiedad por un cambio de trabajo, un imprevisto, un accidente, un examen, problemas económicos...

**Como decíamos el problema es cuando esta ansiedad se vuelve inmanejable:** sensación de ahogo, presión en el pecho, temblores, incapacidad de pensar, fatiga, estrés, problemas intestinales, pensamientos catastróficos, no ser capaz de actuar, enfermedades psicosomáticas, problemas frecuentes para dormir...

Si además es intensa, frecuente y duradera, estamos ante un combo peligroso que nos puede llevar a una espiral de malestar.

## ¿Qué hago entonces?

Me gustaría decirte que no te agobies, que ya pasará solo, que seguro que es una tontería... Pero no.

Es totalmente legítimo que sientas ansiedad o miedo por algo. Seguro que es importante y lo que dicen de que se pasa solo... bueno, pasa a veces, otras las cosas empeoran si no se les presta la atención adecuada. Lo sé por experiencia propia.

A diario veo a personas que sienten ansiedad. Personas como tú y como yo, en cuyas vidas ha aparecido una dificultad que se les hace complicada solucionar.

Tan complicado es para ellas, que les falta el aire, les impide dormir. Y si pudiesen evitarla a toda costa lo harían. Pero no pueden y tienen que enfrentarse a ella.

## ¿Cómo dejar de pensar tanto? Algunos consejos

Está claro que la mente humana no tiene un interruptor que la pueda apagar como lo haríamos con un televisor, ni tampoco es posible decidir qué pensamiento mirar como quien decide ver su canal favorito en el aparato.

Sin embargo, es posible hacer que los pensamientos preocupantes vayan perdiendo fuerza, sobre todo si se les deja de prestar atención.

Veamos algunas estrategias útiles para ello:

## 1. No intentar dejar de pensar

Aunque parezca contradictorio, una de las mejores cosas que se puede hacer para intentar dejar de pensar tanto es, simplemente, no obsesionarse con dejar de pensar en el pensamiento intrusivo.

Es decir, si el pensamiento recurrente aparece de forma súbita, intentar dejar de pensar en él de forma consciente lo único que hará será hacerlo más vívido. Recuerda las técnicas de las que hablamos anteriormente para centrar tu atención en la respiración y ganarle ventaja a los pensamientos inconscientes y repetitivos.

El pensamiento acabará desapareciendo en algún momento u otro, por eso, lo mejor es tratar de ignorarlo y no desarrollarlo para que pase de largo.

## 2. No darle importancia

Estamos tranquilos en nuestra sala de estar y, de repente, pensamos en la incertidumbre que nos genera el no saber cómo va a acabar la situación política actual.

Nos levantamos del sillón y empezamos a pensar en escenarios posibles, cada cual más catastrófico que el anterior, llegando hasta el punto de pensar en que se podría iniciar hasta una guerra civil.

Esto es un ejemplo de lo que no se debe hacer. Si viene el pensamiento, no se le debe dar más fuerza como quien le echa leña al fuego.

El problema de rumiar es que es algo que puede llegar a ser adictivo. Si ante el pensamiento que genera ansiedad no se ha logrado encontrar una respuesta que dé calma, quizás lo mejor es olvidarse de que exista tal solución.

### 3. Vivir el momento

Puede parecer un consejo barato y muy utópico, pero es algo plausible y eficaz. Si nos enfocamos en lo que estamos haciendo en el momento, por muy simple que sea, descubriremos que es una muy buena forma de cortar el pensamiento obsesivo.

Ya sea mientras se lavan los platos, se está leyendo un libro o, simplemente, estando en la cola de la carnicería, si se está pendiente de lo que se hace y de dónde se está se le quita protagonismo al pensamiento invasivo.

No es posible ser plenamente consciente de dos actividades a la vez. Por ese motivo, vivir el momento es una muy buena opción para quitarle peso a lo que ha pasado o lo que pueda pasar.

### 4. No reaccionar emocionalmente

Esto quizás sea un poco más complicado, pero lo ideal es que, ante la aparición de un pensamiento obsesivo, se mantenga la calma.

Si se reacciona, ya sea enfadándose o poniéndose triste, se entra en un bucle en el que se le busca más razones para estar preocupado y, encima, se le concede mayor gravedad al pensamiento.

El objetivo es dejar de prestarle atención y eso implica también no darle el gusto de causarnos ninguna impresión emocional.

## 5. Escuchar música relajante

Se trata de una opción simple, aunque cómoda y económica, especialmente si las canciones no tienen letra o son cantadas en un idioma que no se entiende.

Aunque es una situación un tanto rebuscada, es posible que, al escuchar una canción cantada en el idioma nativo, si se menciona algo que esté relacionado con la preocupación, la persona entre en un bucle sobre ese pensamiento intrusivo.

La música relajante, especialmente del género *New Age*, induce a una atmósfera de relajación y distracción gracias a su gran número de instrumentos que imitan los sonidos de la naturaleza.

## 6. Cambiar de hábitos

Es bastante posible que los pensamientos que nos preocupen estén ligados a alguna acción que realizamos cada día, aunque pueda parecer que su aparición es completamente aleatoria y sin aparente razón.

Trabajar la preocupación en sí misma es algo bastante complicado, pero no lo es tanto el hacer un cambio en los hábitos de la persona.

Es por eso por lo que puede ser muy beneficioso el hacer algunos pequeños cambios en el día a día, como por ejemplo frecuentar nuevos lugares, retomar el contacto con viejas amistades... en esencia, someterse a nuevos estímulos.

Si el cambio se hace de forma radical, se debe ir con cuidado, ya que no es fácil introducir varios hábitos nuevos a la vez.

De conseguirse, puede ser una gran fuente de liberación, dado que lo nuevo tiende a ocupar mayor protagonismo en la mente que lo viejo, que es donde se encuentran los pensamientos obsesivos. De esta forma, prestaremos más atención a las nuevas experiencias.

### 7. Proponerse una nueva meta
Muy relacionado con el punto anterior, se puede plantear el alcanzar un objetivo nuevo, el cual hará que se le dedique una mayor atención a este que no a los pensamientos invasivos.

No obstante, esta estrategia puede ser un arma de doble filo. De hacerse mal, se corre el riesgo de que sea uno de los tantos proyectos que has iniciado y que no has logrado terminar, convirtiéndose a su vez en un pensamiento invasivo.

Es por ello por lo que la nueva meta debe ser realista, aunque también debe suponer un reto. Un ejemplo de este tipo de proyectos sería empezar una colección, hacer una maqueta o un puzzle, obtener el B2 de inglés...

Si la actividad es verdaderamente placentera, le dedicarás no solo atención mientras realices la actividad, sino también cuando no la estés haciendo, sobre todo por tener ganas de hacerla.

### 8. *Mindfulness*
Este tipo de técnica de meditación ha sido una de las más estudiadas en el campo de la psicología y es por ello por lo que se sabe que tiene bastantes beneficios a la hora de reducir la ansiedad y, a la vez, los pensamientos obsesivos.

Durante las sesiones en las que se realiza esta actividad se puede estar concentrado en sensaciones físicas, el control de la respiración, la voz del que guía de la actividad...

Entras en un estado de profunda tranquilidad, en la que parece que los pensamientos negativos van disipándose cada vez más.

## 9. Ejercicio físico

Por todos es sabido que el ejercicio es un buen aliado de la salud tanto física como mental y no puede faltar a la hora de aprender a dejar de pensar tanto.

No únicamente tiene la gran ventaja de producir endorfinas, sino que, además, especialmente en actividades dirigidas, permite centrar el foco en aspectos como la postura y la realización correcta del movimiento.

Además, una vez finalizada la sesión de ejercicio se inician cambios que son beneficiosos para el buen funcionamiento del organismo.

## 10. Caminar

Relacionado con el punto anterior, el caminar también resulta un aliado eficaz para combatir contra la intrusión de pensamientos indeseados.

Mientras se está caminando, no se mueven las piernas únicamente, también observamos los lugares por los que pasamos. Por lo tanto, si se quiere dejar de pensar en obsesiones, sería ideal visitar un lugar bucólico como un parque o una montaña, donde no hay distracciones ni tampoco el ruido de la ciudad.

El aire fresco del campo tiene un efecto relajante en el organismo, además de que, por naturaleza, el ser humano asocia el color verde de la hierba con calma y bienestar.

Al ser un entorno diferente al que se está acostumbrado, especialmente si se es de ciudad, ver flores y plantas silvestres permite también descentrar la atención de la trampa que puede llegar a ser nuestra mente.

# CAPÍTULO 5

# Una vida en equilibrio: estrategias, tips y consejos finales

## Estrategias para dejar de pensar demasiado de forma inmediata

Como ya hemos visto, pensar bien las cosas es importante, pero analizarlas en exceso puede llevarte a la parálisis por el análisis.

Además, si tu ánimo es negativo, darle muchas vueltas a las cosas puede llevarte a encontrar argumentos para menospreciar aquello que, sin duda, es extraordinario en tu vida.

Si eres de esas personas que le da vueltas a cada asunto o problema por pequeño que sea, o analizas hasta la saciedad todo lo que ocurre, te voy a contar 9 estrategias para dejar de pensar demasiado de forma inmediata.

Te garantizo que, si las pones en práctica con frecuencia, conseguirás razonar de un modo más efectivo, sin maximizar las consecuencias ni detenerte por tus miedos, y sobre todo lograrás una mayor tranquilidad y bienestar en tu vida.

### 1. Observa las cosas con perspectiva
Es muy habitual hacer una montaña de un grano de arena. Así que cuando estés dándole vueltas y vueltas al mismo asunto piensa o escribe en un papel: ¿qué importancia tendrá esto para mí dentro de 3 semanas? ¿o 3 meses? ¿y en 3 años?

Si la respuesta es ninguna ¿qué haces pensando aún en eso?

Pregúntate: ¿hay algo más importante de lo que realmente deba ocuparme?

Seguramente la respuesta es sea sí.

Por lo tanto, cuando entres en un bucle mental, hazte esas simples preguntas: te proporcionarán una visión más amplia de tu situación y eso te permitirá dirigir tu energía a aquellas cosas que realmente son importantes en tu vida.

## 2. Establece plazos para tomar tus decisiones

Si no le pones fecha de caducidad a esa decisión que tienes que tomar, lo más probable es que la observes y analices desde demasiados puntos de vista.

Una vez que tomas una decisión, te libras por completo del discurso interno que te lleva a considerar cada una de las opciones.

Seguro que conoces a alguien que ha desperdiciado un año viendo casas antes de comprar la suya y finalmente no está satisfecho con la decisión.

¿Tiene realmente sentido prolongar una decisión en exceso?

Yo lo tengo clarísimo: NO

Te reto a que reduzcas tus plazos de toma de decisiones:
Para pequeñas decisiones como: "¿hago yoga ahora o luego?", "¿compro la marca de siempre de pavo o esta otra que está en oferta?", etc., no tardes más de 30 segundos en tomar la decisión.

Para decisiones de mayor importancia, recomiendo darte un tiempo prudencial, como puede ser al final de la jornada o al final de la semana. Lo que tienes que adquirir es el compromiso firme de no sobrepasar ese límite.

Piensa que una vez que tomas una decisión, nunca sabrás qué habría pasado si hubieras tomado otra opción diferente. Entonces, imaginar las múltiples situaciones diferentes que se hubieran producido no solucionará nada, sino que más bien te robará tu bienestar y tu capacidad de disfrutar del momento presente.

### 3. Pasa a la acción

Si te acostumbras a pasar a la acción de forma inmediata, evitarás procrastinar pensando en exceso. Comprometiéndote a terminar las cosas en un plazo prefijado, conseguirás convertirte en una persona orientada a la acción.

Te aconsejo dividir las tareas en otras más pequeñas, de modo que puedas centrarte en conseguir un pequeño objetivo más fácilmente alcanzable.

Así evitarás sentirte abrumado por la necesidad de realizar algo difícil de manejar y que te hace caer una y otra vez en la procrastinación.

### 4. Interioriza esto: no puedes controlarlo todo

Si piensas las cosas cien veces puede ser porque tengas cierta adicción a querer controlarlo todo.

Puede deberse a que tengas un miedo atroz a fallar, fracasar o quedar en ridículo.

Pero esas cosas son inevitables en la vida y, más aún, si quieres ampliar tu experiencia y crecer yendo más allá de tu zona de confort.

Piensa en personas que para ti son realmente inspiradoras y busca en su historial: verás como también han cometido errores y muchos, para llegar a cumplir sus objetivos.

Los errores pueden hacerte pasarlo mal en el momento de cometerlos, pero, si los observas de un modo positivo, verás que todos ellos encierran un importante aprendizaje.

Fíjate que, preocuparse, es un proceso de discurso mental que sucede antes de poder ocuparte de algo, pero, si eso está fuera de tu control ¿cómo puedes ocuparte?
Simplifica ese pensamiento de esta manera:

¿Tienes un problema? No te preocupes, deja de pensar demasiado y concéntrate en la solución. Y si no la tiene, acéptalo, da gracias por el aprendizaje y continua caminando.

Por lo tanto, deja de intentar controlarlo todo: simplemente no puedes anticiparte a todo lo que pueda ocurrir ni tienes en tu mano el control de todas las variables.

## 5. Desvía tu atención de situaciones que promuevan un discurso interno negativo
Pongamos un ejemplo: ayer tenía hambre y me disponía a cocinar. No encontraba las tijeras de cocina y las necesitaba. Mi reacción mental inmediata fue enojarme y empezar a discutir conmigo mismo mentalmente.

Entonces me di cuenta de que era una tontería enfadarme por ese motivo y decidí utilizar un cuchillo en su lugar. Quizá pudo deberse al mal humor que puede aparecer cuando se tiene hambre.

Lo bueno es identificarlo y cuando estés a punto de enfadarte, puedes decir en voz alta: "no merece la pena" o "no quiero enfadarme" o simplemente "¡siguiente!" y ocúpate del asunto, en vez de seguir generando un laberinto en tu cabeza que parece interminable.

Esta es una forma para que identifiques aquellas situaciones en las que tu humor no es el adecuado y tiendes al discurso interno negativo, para que estés alerta y puedas detenerlo a tiempo y ocuparte de ese asunto con un ánimo más adecuado.

Te darás cuenta de que, en la mayoría de los casos, el problema es muy pequeño o inexistente.

Y si el problema realmente es importante, entonces estarás en una mejor posición para enfrentarte al mismo.

### 6. No te ahogues en pensamientos inciertos
Otro hábito bastante habitual y que suele llevar a discursos internos interminables, es cuando existe un miedo sobre algo completamente incierto.

En estos casos, las mentes más negativas imaginan todo tipo de escenarios catastróficos, es decir, se ponen en lo peor.

En mi vida he sufrido cosas terribles, aunque la mayoría de ellas nunca ocurrieron.
Si eres de esas personas, te propongo que te hagas las siguientes preguntas:

- ¿Qué es realmente lo peor que puede pasar?
- ¿Qué probabilidad real existe de que eso ocurra?

He observado que, cuando algún miedo incierto me ronda por la cabeza y respondo de forma realista y honesta, en la mayoría de las ocasiones la respuesta es nada/ninguna o casi nada/ninguna.

Cuando este tipo de incertidumbres te invadan, detente unos minutos a hacerte esas preguntas: verás la realidad de una forma más clara, lo que te ahorrará energía que, de otro modo, perderías dándole vueltas en tu mente a ese miedo incierto.

## 7. Haz deporte
Te parecerá raro, pero a mí me ayuda y mucho. El deporte tiene el extraordinario efecto de liberar tensiones y con ellas pensamientos negativos recurrentes.

Los griegos lo decían hace más de 5000 años, "Mens sāna in corpore sānō".

En definitiva, está más que probado que hacer deporte ayuda a tener una mente más clara y libre.

## 8. Practica *mindfulness*
El *mindfulness* es una técnica meditativa basada en la atención plena en el momento presente.

Cuando le estés dando vueltas a cosas de tu pasado con preocupación, piensa que estas ya no van a cambiar y que, por tanto, lo único que puedes hacer con ellas es aprender de lo ocurrido.

Si lo que te ocupa la cabeza es el futuro, aún no ha llegado y posee un grado elevado de incertidumbre. El futuro no lo puedes controlar y, por tanto, no debes pasar excesivo tiempo planificando.

Lo único que posees es el presente y es en ese presente en el que debes poner tu energía.

Te cuento brevemente algunos tips:
- **Concéntrate en la respiración:** la respiración es algo que está siempre presente y que nos acompaña constantemente, por eso es tan efectiva y accesible a la hora de dejar de pensar demasiado. Cuando algo no deje de rebotar en tu cabeza, busca tu respiración y concéntrate en ella.
- **Concéntrate en los ruidos:** cerrar los ojos y centrar la atención en los sonidos de tu alrededor es otro ejercicio que te permitirá liberar tu mente de pensamientos.
- **Concéntrate en la acción:** por ejemplo, si estás lavando los platos, siente el tacto de la vajilla, del agua, la temperatura. Es decir, focaliza tu atención en aquello que estás haciendo en lugar de en lo que ronda por tu cabeza.

Estos son ejercicios básicos que puedes practicar con facilidad.

Existen otras muchas técnicas, pero no quiero aburrirte ni saturarte con tantas ideas. Te animo a que investigues sobre la técnica que más te despierte interés y empieces a practicarla de forma habitual. Verás cambios positivos antes de lo que te imaginas.

## 9. Rodeáte de aquello que no te incite a pensar demasiado

No estamos solos en el universo y pasamos gran parte del tiempo interactuando con otras personas, por lo que nuestras relaciones tienen una influencia importante en nosotros.

Y no me refiero solo a tus grupos de amigos o familiares, sino a lo que lees en *blogs*, periódicos o a lo que ves en televisión.
Yo hace tiempo decidí no escuchar canales informativos ya que siempre había noticias que me indignaban o me producían mala energía de alguna manera.
Por tanto, preferí limitar la información a lo que realmente podía afectar directamente a mi persona o a mi familia.

Esto es aplicable a las relaciones sociales: si tienes algún amigo o amiga con tendencia a pensar demasiado y en negativo, considera si es una buena compañía.

Yo te animo a que pases más tiempo con aquellas personas que afectan positivamente a tu forma de pensar y, por tanto, a tu vida.

## Otras estrategias avaladas por expertos

¿Pensar demasiado es uno de tus mayores problemas? Si eres de los que pasan la mayor parte del tiempo rumiando los pensamientos, es momento de que aprendas unas técnicas probadas por expertos para dejar de hacerlo. Pensar demasiado no solamente mantiene tu cabeza ocupada, sino que también genera estrés innecesario, el cual puede terminar por dañar tu salud de diferentes formas.

## Comienza por reconocerlo

No puedes aceptar que algo anda mal y empezar a solucionarlo, si primero no identificas que está sucediendo.

Si te hallas en situaciones donde tus pensamientos se repiten una y otra vez y terminas estresado o sintiendo ansiedad, falto de energía, o con dolor de cabeza; si pasas todo el día pensando en lo que dijo una persona sobre un tema o incluso te encuentras teniendo conversaciones imaginarias por más de 5 minutos y te percatas de no estar haciendo nada más que eso, sería importante reconocer que quizá estás pensando demasiado. Trata de identificar aquellas sensaciones físicas o síntomas de ansiedad que aparecen por el estrés de lo que estás experimentando. También busca encontrar la raíz o el motivo por el que te encuentras en ese estado de pensamiento excesivo e intenta minimizar o eliminar la causa.

## Observa y no asumas

Recuerda que estos pensamientos no son los hechos. Debes aprender a discernir y a poner distancia entre tu identidad y los pensamientos que nublan tu realidad.

El doctor Ernest Rasyidi, psiquiatra de St. Joseph Hospital, afirma que "en vez de enfatizar en el intento de dejar de preocuparte, el enfoque que deberás seguir es el de hacer cosas positivas que puedas controlar o manejar".

## Ponle tiempo a tu preocupación

La psicoterapeuta Natacha Duke de Cleveland Clinic, propone la estrategia de establecer al día un periodo de tiempo para preocuparte.

Es decir, dedica un tiempo de tu día (de preferencia entre 10 a 30 minutos) para que escribas en una hoja todas tus preocupaciones. Una vez hecha la lista, visualiza cuáles de todas estas preocupaciones tienen solución y, sobre todo, cuales están bajo tu control.

Después, trabaja en una lluvia de ideas para dar solución a las que sea posible y, a las que no lo sea, en tu siguiente periodo de preocupación destínales un momento con el objetivo de aceptarlas, dejarlas ir y liberarte.

**Distrae la mente**
Engaña a tu cerebro y a tus pensamientos. Puede que las preocupaciones no se vayan y sean reales, pero el hecho de cambiar la rutina con alguna actividad que disfrutes te permitirá dejar de pensar una y otra vez las mismas ideas.

En este caso, los expertos sugieren que aprendas a desarrollar una nueva destreza que te interese: toma una clase o entrenamiento que no hayas intentado hasta el momento y que te gustaría probar, comienza un nuevo hobby, haz un servicio o voluntariado (aprender a tocar un instrumento, por ejemplo, tiene muchos beneficios).

**Toma un respiro**
La experta Jeri Coast, directora de operaciones clínicas del Lightfully Behavioral Health, recomienda que, cuando te encuentres pensando las cosas una y otra vez, simplemente te tomes un descanso para aclarar la mente y y que así después puedas ver el contexto del problema con mayor claridad.

Esto también te permitirá reconocer las emociones que surgen tras los pensamientos negativos y, de esta forma, crearás consciencia para poder cambiar tu mentalidad y así comenzar a sentir autocompasión por ti y dejar de castigarte cuando no eres todo lo perfecto que te gustaría ser.

**Actívate**

El doctor Matt Angelelli, psiquiatra del Orlando Health en Florida, asegura que el ejercicio es la técnica más importante para tratar la ansiedad y la preocupación.

La práctica deportiva es una herramienta fundamental que posibilita un bienestar físico y emocional. Frente a situaciones en las que resulte complicado dejar de pensar, se recomienda la realización de alguna actividad física del agrado de la persona, porque, entre muchos otros beneficios, produce liberación de endorfinas, las hormonas vinculadas a la felicidad.

Además, el ejercicio requiere de la concentración de la persona para su correcta ejecución. Y es algo muy positivo que puedas enfocarte en el presente mientras haces ejercicio en lugar de estar rumiando tus pensamientos una y otra vez.

Para dejar de pensar demasiado, el ejercicio no tiene que ser intenso o realizado durante largas horas. A partir unos pocos minutos, ya se notan los efectos beneficiosos en tu equilibrio mental y bienestar.

**Identifica lo exitoso**

Si eres experto en reconocer y digerir lo malo una y otra vez, ¿por qué no hacerlo con lo bueno?

Cada vez que te sorprendas pensando de más, toma nota y escribe 5 cosas que hayan ido bien a lo largo de tu semana y también cómo te sentiste cuando ocurrieron.

No necesitas ganar la lotería o recibir un reconocimiento por ser el mejor empleado del mes. El mero hecho de que puedas reconocer lo positivo hasta en el detalle más pequeño, puede resultar de gran ayuda y ser una forma muy saludable y efectiva de enfrentar o superar muchas situaciones en tu vida.

**Repite el pensamiento negativo hasta asimilarlo**
Si piensas demasiado, normalmente no eres consciente de ello hasta que te ves inmerso en una pérdida innecesaria de tiempo o te sientes cansado, mareado o con ansiedad.

La psicóloga Julie Pike recomienda resumir el pensamiento recurrente de una manera consciente en menos de diez palabras una y otra vez. Puede sonar extraño, pero ahora entednerás por qué: por ejemplo, en vez de pensar repetidamente: "la fastidié en la entrevista de trabajo, pude haberlo hecho mejor, debí haber mentido, los otros son mejores que yo", etc... cambia todo eso por un "fastidié la entrevista".

Entonces, piensa una y otra vez de forma consciente esa frase, incluso dila en voz alta. Eso hará que el cerebro deje de considerar ese pensamiento como una amenaza. ¿Por qué? Porque el cerebro tiende a identificar cada nuevo pensamiento como una amenaza independiente. Al no ser algo nuevo y haberlo hecho de forma consciente, el cerebro se dedicará a buscar la siguiente tarea o pensamiento automático inconsciente.

## Deja ir el perfeccionismo

El pensar demasiado se asocia a la idea de que pudiste haber hecho una u otra cosa mejor para poder evitar el desagradable resultado.

Los expertos sugieren evitar el perfeccionismo a toda costa, asumir los riesgos y los miedos, implementar nuevas ideas o acciones, cometer errores y, aunque las situaciones sean difíciles, seguir adelante. En eso consiste vivir y, además, es parte de la naturaleza humana ¿o no?

## Limita el uso de los medios y las redes sociales

Mucho de lo que te preocupa no está en tu realidad ni en tu presente. Un ejemplo de algo que provoca esas preocupaciones imaginarias son los efectos negativos que tienen las noticias, o las comparaciones que puedes crear en tu mente sobre lo que sucede en el mundo "perfecto" de las redes sociales.

Debes frenar este tipo de consumismo y comenzar a estar más consciente de tu uso de las redes sociales y la tecnología. Es importante que te concentres de vez en cuando en lo que sucede a tu alrededor y, de esta forma, reducir al mínimo o eliminar totalmente el efecto nocivo que provoca todo lo anterior.

## Comienza a trabajar la autocompasión

¿Qué hay de tu diálogo interno? Eres tu mejor amigo o tu más temido enemigo. El aceptar, ser amoroso, el que te puedas perdonar y seas amable contigo puede hacer una gran diferencia entre tener una mente en calma o naufragar en la peor de las tormentas.

Pon especial atención en esto.

**Busca ayuda de un experto o apóyate en la terapia**
Pensar demasiado es un mal hábito y en ocasiones no podrás
resolverlo tú solo.

Si te ves inmerso en una situación donde no puedes dejar de
pensar, se te hace difícil concentrarte o hacer tus actividades
del día a día y notas que esto interfiere con tu vida, es bueno te
apoyes en un experto especialista en trastornos de la ansiedad
o bien, que te acerques a grupos de terapia como la conductual
cognitiva, para que adquieras herramientas y estrategias a
largo plazo que te ayuden a lidiar con esto.

**Realizar actividades artísticas**
El arte puede presentarse en múltiples formas como el teatro,
la música, la pintura o la escultura, entre otros.
Por lo tanto, ante el hecho de que no poder dejar de pensar,
está más que recomendada la realización de una actividad
artística que te guste, ya que tu energía será redirigida hacia
otro lugar. En consecuencia, el ritmo de tus pensamientos se
reducirá de forma drástica.

**Respirar profundamente**
Los niveles elevados de tensión están vinculados a
contracciones musculares que generan malestar en el cuerpo.
Por esta misma razón, una persona que esté preocupada y no
deje de pensar suele presentar dificultades musculares.

De esta manera, inhalar y exhalar profundamente de forma
continua, como hemos visto anteriormente, hasta lograr una
mayor relajación, es otra herramienta muy eficaz para dejar de
pensar tanto en situaciones que te produzcan inquietud, estrés
o ansiedad.

## Comprender que los pensamientos constantes no aportarán soluciones

Comprender que el hecho de pensar de forma constante no traerá consigo ningún tipo de solución, puede ser una alternativa que te permita darte un descanso mental y así dejar de pensar tanto en todo.

## Llevar una alimentación saludable

Ciertos alimentos contienen propiedades que calman el sistema nervioso central. Una muy buena práctica será seguir una alimentación saludable, basada en vegetales verdes, pescados, aceite de oliva, frutas y legumbres, teniendo en cuenta que pueden producir un fantástico efecto de relajación en el cuerpo y, en consecuencia en tu mente. Para lograr esto, es necesario consumir productos saludables cada día.

Asimismo, existen multitud de hierbas relajantes como, por ejemplo, la valeriana, melisa, pasiflora, manzanilla o lavanda, que también pueden ayudar a relajarnos y a dejar de pensar tanto.

## Leer

La lectura es un hábito que puede traer muchos beneficios para la vida de las personas. Por un lado, fomenta el conocimiento y, por otro lado, la lectura requiere de una concentración mental, por lo que es más posible que el resto de los pensamientos innecesarios cesen durante la lectura.

## ¿Cómo puedo relajar mi mente?

Aunque no podemos erradicar todo el estrés de nuestras vidas, podemos aprender a gestionarlo mejor. En primer lugar, comienza por identificar y conocer tu respuesta personal al estrés y también el tipo y el número de factores estresantes a los que te expones diariamente. ¿Qué es lo que mantiene a tu mente en constante alerta? ¿Qué es lo que más te preocupa?

Después de identificar los problemas, puedes buscar un tratamiento. Las posibilidades son infinitas, desde el movimiento físico hasta la nutrición, el sueño, la meditación y la respiración. Puedes hacer un poco de todo lo ya comentado en este libro para saber qué técnica te gusta más, o empezar por una de ellas e ir incorporando otras de forma progresiva y sin prisas.

Te describo a continuación cuatro ejercicios de relajación que ayudarán a relajar tu mente. Son aptos para principiantes.

**Aprende a meditar**

Una vez más: la meditación te dará perspectiva. La organización The Art of Living refiere que meditar, de manera muy similar a la respiración profunda, te permitirá reconocer tus patrones de pensamientos nocivos y restrictivos. Después serás capaz de explorarlos más y, de esta forma, podrás unir los puntos y superar tus hábitos negativos, como por ejemplo, encontrar defectos en todo o señalar o culpar a las personas o situaciones.

Los beneficios de la meditación son múltiples y pueden sentirse tanto física como mentalmente. Muchos estudios llevaron a cabo que la meditación tiene efectos fantásticos en el alivio del estrés, la salud mental, e incluso en el control de la presión arterial.

Hay numerosas formas de utilizar la meditación para reducir el estrés y la ansiedad, sentirse más tranquilo e incluso abordar los síntomas de la depresión. Pero recuerda, aunque la meditación se puede practicar de muchas formas, en esencia, todo se resume a crear consciencia y potenciar tu atención plena y enfoque en el presente.

La meditación de visualización es un excelente modo de empezar si eres nuevo. Al igual que los atletas famosos practican la visualización de su victoria antes de empezar para jugar al máximo de sus capacidades, tú puedes practicar la meditación de visualización relajante para reajarte o aliviar la ansiedad.

Sigue estos pasos para realizar una práctica básica de visualización:

- Empieza por encontrar un lugar tranquilo para sentarte - en un cojín en el suelo o en una silla.
- Pon un temporizador de cinco a diez minutos.
- Mantente con la espalda recta. Puede ayudarte imaginar que tienes una cuerda que va desde la base de la columna vertebral hasta la espalda, el cuello y la parte superior de la cabeza.
- Cierra suavemente los ojos.
- Imagínate en un lugar tranquilo: sentado en la orilla cubierta de hierba de un río que fluye suavemente. El tiempo que hace es perfecto. El sol calienta tu piel y una brisa fresca y suave evita que pases demasiado calor.
- Oyes el agua del río correr hacia abajo. Sientes la brisa en tu piel. Hueles el fresco aroma de las flores, la tierra y el aire libre.
- Respira lentamente desde el bajo vientre. Concéntrate en la respiración que entra y sale de tus pulmones. Intenta inhalar llenando primero el vientre o abdomen y después los pulmones. Al exhalar, vaciarás primero los pulmones y por último el vientre. Pon una mano en tu vientre y otra en tu pecho para notar cómo entra el aire y dónde se deposita.
- Cuando un pensamiento, sentimiento o emoción entre en tu mente, imagina que ese pensamiento, sentimiento o emoción está sentado en una hoja de arce que flota en el río. Ve la hoja y lo que hay en ella. Acepta ese

pensamiento, sentimiento o emoción. No es malo ni bueno, ni asusta, ni alarma, ni preocupa. Simplemente, míralo en la hoja y deja que continue de largo por el río. Vuelve a centrarte en la respiración y en tu visualización en la orilla del arroyo.

- Repite el mismo proceso cada vez que experimentes un pensamiento extraño o automático hasta que suene el despertador. Entonces, suelta lentamente la imagen que has visualizado. Antes de levantarte, tómate unos minutos de silencio antes de salir del estado meditativo.

- Conseguir un estado meditativo será un proceso rápido y fácil para ti con la práctica regular. Sentirás menos tensión física en tu cuerpo a medida que te sumerjas más en la práctica.

**Practica la atención plena o *mindfulness***

La atención plena es otra gran práctica para promover la paz y la relajación. Es bastante parecida a la meditación, pero es diferente en el sentido de que puedes practicar la atención plena en cualquier momento y lugar. El objetivo de la atención plena es estar presente, así de simple.

Aquí tienes una práctica básica de *mindfulness* que puedes probar mientras realizas una actividad de tipo tarea, como lavar los platos en el fregadero de tu cocina:

- Sitúate frente al fregadero. Debes concentrarte en que lavar los platos será lo único que harás durante al menos los próximos diez minutos. Comprométete con este tiempo.

- Antes de comenzar, debes tensar todos los músculos de tu cuerpo que puedas. Mantén la tensión durante 3 segundos. Suelta. Descansa 5 segundos. Repite esto tres veces.

- ¿Cómo sientes tu cuerpo ahora? Fíjate si te concentras en una parte específica del cuerpo. Dale a tu cuerpo una pequeña sacudida para sacar cualquier tensión extra.
- Respira profundamente tres veces, inhalando y exhalando. ¿Algún otro pensamiento llama a la puerta de tu mente? Diles que sigan su camino.
- Abre el grifo. Dedica tiempo a conseguir la temperatura exacta del agua, ni demasiado caliente ni demasiado fría. Concéntrate en el aspecto y en la sensación del agua cuando se desliza por sus dedos. Siente cómo pasa de fría a caliente y a templada. Oye cómo sale del grifo y se escurre por el desagüe.
- Agrega un poco de jabón a una esponja. Observa su color brillante y nota su aroma. Agita la esponja para crear burbujas, observando cómo las burbujas crecen en número y sintiendo su calor recorrer la piel de tus manos. Siente cada sensación que experimenten tus sentidos.
- ¿Sientes que surge un pensamiento o sentimiento extraño? Obsérvalo. Luego déjalo pasar. Vuelve a prestar atención al jabón y a la esponja.
- Coge un plato para lavarlo. Examina el plato. Lentamente, comienza a limpiarlo, teniendo cuidado de lavar cada resto de comida.
- Enjuaga el plato, viendo cómo caen todas las manchas de suciedad y el agua jabonosa. Déjalo a un lado para que se seque. Sigue respirando profundamente.
- No te apresures. Continúa lavando los platos de esta manera hasta que termines. Ahora, coge una taza limpia y sírvete un té de hierbas.

## Practica yoga

El yoga es otra excelente manera de encontrar la paz y la calma cuando sientes que tu mente está acelerada.

La conexión mente-cuerpo con el yoga es fenomenal. La teoría detrás de la conexión mente-cuerpo es que lo que sucede en la mente (pensamientos, emociones y sentimientos) afecta a lo que sucede en tu cuerpo, que a su vez afecta a cómo te sientes físicamente.

Al mismo tiempo, cómo te sientes físicamente y cómo de sano y en forma está tu cuerpo, afectará a tus pensamientos, sentimientos y emociones.

El yoga es una práctica que tiene en cuenta la conexión mente-cuerpo y pretende beneficiar todos los aspectos de tu ser. Aunque pueda parecer que los asanas (posturas) solo afectan al aspecto físico, tu estado mental se ve fuertemente influenciado mientras practicas. Cada postura puede fortalecer y mejorar la flexibilidad del cuerpo, al mismo tiempo que estimula los órganos y trabaja la circulación. Cada postura también está destinada a estimular el cerebro, induciendo la concentración y la tranquilidad.

Prueba a tomar una clase de yoga o a hacer una lección en casa para aprovechar los múltiples beneficios de esta práctica. Sin duda, saldrás de la esterilla con menos tensión muscular, menos estrés y más concentración.

**Respira mejor**
La mayoría de nosotros damos por sentado nuestro aliento y subestimamos la importancia de la respiración en nuestra vida. Creemos que, porque nuestros pulmones funcionan todo el tiempo sin que tengamos que decirles lo que tienen que hacer, deben estar haciendo lo correcto y no requieren ninguna mejora. Sin embargo, esto no es totalmente cierto. Hay formas correctas e incorrectas de respirar.

## ¿Sabías que la mayoría de la gente respira demasiado de forma superficial?

Muchas personas respiran solo el aire que reside en la parte superior de sus pulmones. Esto provoca respiraciones cortas y débiles que cansan, y hace que el aire "viciado" permanezca en el fondo de los pulmones.

Para comprobarlo, coloca una mano en el estómago y la otra en el pecho. Respira con normalidad. ¿Sientes que la mano sobre el vientre se eleva al inhalar, o sientes que la mano sobre el pecho se eleva? Si sientes que la mano en el pecho se eleva primero al exhalar, eres un respirador superficial.

Deberías respirar desde mucho más abajo, recogiendo todo el aire que puedas desde el vientre antes de llegar a tus pulmones. Al inhalar, debes sentir que la mano en el vientre se eleva primero y, cuando hayas llenado la capacidad de tu vientre, la mano en el pecho se elevará también después.

Los ejercicios de respiración suelen ser una de las técnicas más valiosas para calmar la mente y ayudar a restablecer los patrones de respiración correctos. Aquí tienes uno para empezar:

- Busca un lugar tranquilo para sentarte donde tu espalda esté apoyada.
- Coloca una mano en el estómago y la otra en el pecho.
- Mantén la espalda recta, simulando que tienes una cuerda que va desde la base de la columna vertebral hacia arriba, pasando por la espalda y el cuello, hasta salir por la parte superior de la cabeza.
- Cierra ligeramente los ojos.
- Respira profundamente varias veces sin pensar en cómo estás respirando.
- Ahora, respira profundamente y, al inhalar, siente cómo se eleva el vientre y la mano sobre el abdomen. Respira

lentamente y, mientras lo haces, di en voz alta: "inhalo tranquilidad y paz".

- Cuando ya no puedas tomar aire, comienza a soltar la respiración lentamente por la boca. Mientras lo haces, debes decirte a ti mismo: "exhalo la tensión y el estrés".
- Repite este ejercicio durante cinco o diez minutos o, si estás cómodo, durante el tiempo que quieras.

## ¡Consejos de relajación fáciles y sencillos!

Imagina que estás a punto de salir al escenario para una gran actuación y tu mente va a mil por hora. Prueba este consejo de relajación consciente para recuperar algo de paz y dominar los pensamientos acelerados.

- Busca un lugar tranquilo: empieza por ir a un lugar tranquilo para centrarte, la sala de descanso, el camerino, al aire libre o incluso el baño.
- Siéntate si es posible: si puedes, busca una silla donde puedas sentarte con la espalda apoyada. Lo ideal es que puedas apoyar los pies en el suelo. Ahora, coloca una mano en el pecho y la otra en el estómago.
- Haz un breve ejercicio de respiración: este ejercicio se llama respiración cuadrada. También puedes oír que se llama respiración en cuatro partes o respiración 4x4. Para hacer la respiración cuadrada, sigue los siguientes pasos:
  - o Exhala todo el aire de tus pulmones.
  - o Cuenta hasta cuatro lentamente mientras inhalas solo por la nariz. A medida que inhalas, debes sentir que la mano sobre tu estómago se eleva. Tú otra mano no debe moverse.
  - o Contén ligeramente la respiración durante otra cuenta de cuatro segundos.

o Cuenta hasta cuatro una última vez mientras exhalas suavemente la respiración lentamente por la boca. La mano en tu estómago debe caer de nuevo mientras haces esto.

o Repite este ejercicio al menos cuatro veces para relajarte y aliviar el estrés.

## ¿Cómo calmar mi mente para dormir?

El trastorno del sueño es un problema de salud común que afecta a millones de personas en todo el mundo. La verdad es que la ansiedad y el estrés a menudo vienen de la mano de la falta de sueño. Si el mal sueño es causado por la ansiedad y el estrés o viceversa, es objeto de debate y puede ser diferente de persona a persona.

Sin embargo, una cosa es segura: calmar la mente puede mejorar significativamente tu sueño si sueles tener problemas para dormir. Para conseguir un estado de sueño más profundo, prueba estos consejos de relajación mental:

Prueba una breve sesión de meditación antes de acostarte.

- Escucha ruido blanco o sonidos de la naturaleza (como las olas o el murmullo de un arroyo) mientras te duermes.

- Haz de 5 a 10 minutos de yoga junto a tu cama antes de dormir.

- Intenta practicar la atención plena mientras te quedas dormido (centrándote en tu respiración y en el momento presente y observando sin interpretar tus pensamientos, sentimientos y emociones mientras van y vienen)

- Escucha una meditación guiada grabada antes de acostarte.

- Desarrolla una rutina nocturna en la que apagues todos los dispositivos, bajes las luces y te pongas el pijama, aproximadamente media hora antes de que pretendas dormirte.

## Algunos pensamientos y lecciones de vida

*"Cierra algunas puertas hoy. No por orgullo, incapacidad o arrogancia, sino simplemente porque no te llevan a ninguna parte".* Paulo Coelho.

Cuando menos lo esperamos, la vida nos pone un reto para poner a prueba nuestro coraje y voluntad de cambio; en un momento así, no tiene sentido fingir que no ha pasado nada o decir que no estamos preparados. El desafío no se hará esperar por nuestra indecisión. Podemos dejarlo pasar de largo y aprender algo con ello o enfrentarlo y superarlo para crecer un poco más a diferentes niveles.

No des explicaciones. Tus amigos no las necesitan y tus enemigos no las creerán.

Hay sufrimiento en la vida, y hay derrotas. Nadie puede evitarlos. Pero es mejor perder algunas de las batallas en la lucha por tus sueños que ser derrotado sin saber por qué estás luchando.

Nuestros verdaderos amigos son aquellos que están con nosotros cuando suceden las cosas buenas. Nos animan y se complacen con nuestros triunfos.

Cuando alguien se va, es porque alguien más está por llegar.

Algunas personas parecen estar felices, pero simplemente no le dan mucha importancia al asunto. Otros hacen planes: voy a tener un marido, un hogar, dos hijos, una casa en el campo. Mientras están ocupados en eso, son como toros que buscan al torero: reaccionan instintivamente, se equivocan, sin saber dónde está el objetivo. Consiguen su coche, a veces incluso consiguen un Ferrari, piensan que ese es el sentido de la vida y nunca lo cuestionan. Sin embargo, sus ojos delatan la tristeza que ni siquiera ellos saben que llevan en el alma.

Cierra algunas puertas hoy. No por orgullo, incapacidad o arrogancia, sino simplemente porque no te llevan a ninguna parte.

Siempre es importante saber cuándo algo ha llegado a su fin. Cerrar círculos, cerrar puertas, terminar capítulos, no importa cómo lo llamemos; lo que importa es dejar en el pasado esos momentos de la vida que ya pasaron.

El amor es siempre nuevo. Independientemente de si amamos una, dos o una docena de veces en nuestra vida, siempre nos enfrentamos a una situación completamente nueva.

El amor puede enviarnos al infierno o al paraíso, pero siempre nos lleva a alguna parte. Simplemente tenemos que aceptarlo, porque es lo que nutre nuestra existencia. Si lo rechazamos, morimos de hambre, porque nos falta el coraje de extender la mano y arrancar el fruto de las ramas del árbol de la vida. Tenemos que llevar el amor al mismo sitio donde lo encontramos, aunque signifique horas, días o semanas de desilusión y tristeza. En el momento en que comenzamos a buscar el amor, el amor comienza a buscarnos. Y es para salvarnos.

Se dice que la hora más oscura de la noche llega justo antes del amanecer.

Todo el mundo cree que el objetivo principal en la vida es seguir un plan. Nunca preguntan si ese plan es suyo o si fue creado por otra persona. Acumulan experiencias, recuerdos, cosas, ideas de otras personas y es más de lo que posiblemente puedan soportar. Y por eso se olvidan de luchar por sus propios sueños.

La tragedia siempre provoca un cambio radical en nuestras vidas, un cambio que se asocia con el mismo principio: la pérdida. Ante cualquier pérdida personal, no tiene sentido tratar de recuperar lo que ha sido; lo mejor es aprovechar el gran espacio que se abre ante nosotros y llenarlo con algo nuevo.

Perdono por las lágrimas que me hicieron derramar, perdono el dolor y los desengaños, perdono las traiciones y las mentiras, perdono las calumnias, perdono el odio y la persecución, perdono los golpes que me hieren, perdono los sueños destrozados, perdono las esperanzas muertas, perdono la hostilidad y los celos, perdono la indiferencia y la mala voluntad, perdono la injusticia cometida en nombre de la justicia, perdono la ira y la crueldad, perdono la negligencia y el desprecio, perdono al mundo y a todos sus males... También me perdono a mí mismo.

Que las desgracias del pasado ya no pesen más en mi corazón. En lugar del dolor y el resentimiento, elijo la comprensión y la compasión. En lugar de rebelión, elijo la música de mi violín. En lugar de la pena, elijo el olvido. En lugar de la venganza, elijo la victoria.

Seré capaz de amar, independientemente de si soy amado de vuelta; seré capaz de dar, incluso cuando no tenga nada; de trabajar feliz, incluso en medio de las dificultades; de tender mi mano, incluso cuando estoy completamente solo y abandonado; de secar mis lágrimas, aun cuando lloro; de creer, aun cuando nadie crea en mí... Así es. Así será.

Cuando no tenía nada más que perder, me dieron todo.

Cuando dejé de ser quien soy, me encontré a mí mismo. Cuando experimenté la humillación y, sin embargo, seguí caminando, comprendí que era libre de elegir mi destino.

Resetear la mente para conseguir la paz mental, el equilibrio, bienestar y alejar los pensamientos negativos es algo que todos deberíamos proponernos hacer, pero que pocas veces realizamos, ya que pensamos que 'somos así', una idea que, para los expertos en salud mental, es totalmente equivocada.

Si fuéramos conscientes de cómo nos saboteamos día a día y de que, quizá, este 'machaque' mental sea la causa de nuestro malestar, buscaríamos la manera de revertirlo. Además, aunque suponga un esfuerzo, es posible cambiar nuestra forma de pensar poco a poco, aunque, a veces, necesitemos una ayuda extra.

La mente puede ser un maravilloso lugar o, por el contrario, un infierno. Lo positivo es que, excepto si existe una patología, que requiere de ayuda externa, lo habitual es que dependa de nosotros mismos y que, con unos sencillos ejercicios, podamos 'resetear' la mente y alejar los pensamientos negativos, las anticipaciones que nos causan malestar y desasosiego.

Juan Carlos Álvarez Campillo, autor del *best-seller* El entrenador mental, psicólogo experto en liderazgo y *coaching* de los mejores deportistas y altos ejecutivos en España, nos da, por ejemplo, cinco claves que nos pueden ayudar a convertirnos en un aliado de nuestra propia mente, en vez de en su enemigo. Por ejemplo:

- Varias veces al día, párate 10 segundos y sé consciente de en qué estás pensando.
- Una vez identificado el pensamiento, observa si es positivo o negativo, si te ayuda o te perjudica y qué emoción te produce: rabia, tristeza, alegría, ansiedad...
- Si el pensamiento es positivo, atesóralo, poténcialo. Si el pensamiento te produce una emoción negativa, toma distancia. Puedes decirte: ese pensamiento no soy yo, no me representa, es algo inconsciente o un estado de ánimo pasajero.
- Sustituye los pensamientos negativos por otros más enriquecedores y que te produzcan buenas sensaciones. Por ejemplo, haz algo que te guste, conversa con alguien que te hace sentir bien, disfruta de un paseo, de una buena comida...
- Refuerza todo lo anterior practicando terapias o técnicas de relajación. Por ejemplo, puedes concentrarte en la respiración unos cinco minutos.

## Terapia del silencio

Algo tan sencillo como pasar un tiempo en silencio puede hacer que nuestra mente se apacigüe.

"El silencio es una terapia natural y sencilla. Está totalmente recomendado para cualquiera, pero especialmente para aquellas personas con exceso de estrés y ansiedad, tengan o no problemas nerviosos.

Es recomendable un tiempo diario de introspección, en silencio, con nuestros pensamientos reflexivos. Será tremendamente positivo restarles estos minutos a las demandas externas, a los móviles y al ruido y distracción de las redes sociales".

## Terapia de grupo

La terapia de grupo puede ser un buen aliado en determinadas situaciones personales, en las cuales compartes experiencias parecidas con otras personas y así el apoyo y comprensión del grupo es terapéutico en sí mismo.

Para ello, es esencial que la persona aprecie y agradezca estos momentos y beneficios y que se sienta cómoda en grupo.

Otra de las herramientas con las que contamos para resetear nuestra mente es buscar la ayuda de un profesional o *coach* que facilite que tomemos consciencia de nuestras áreas de mejora, nos ayude a ponernos objetivos y nos anime para llegar a conseguirlos. Un proceso adecuado y breve de asesoramiento puede ser muy potente y terapéutico.

# CONCLUSIÓN

El síndrome del pensamiento acelerado o el hábito de pensar demasiado es algo muy común en la época actual. Vivimos en un mundo lleno de distracciones y estímulos, de ruidos, prisas y responsabilidades, de presiones y excesos. Pensar en exceso es una consecuencia de todo lo anterior. No es culpa tuya, no es algo que tú hayas hecho mal. Simplemente nos hemos acostumbrado a vivir así y lo hemos normalizado hasta que llega un momento en el que, el cuerpo, nos da un aviso en forma de síntoma: ansiedad, insomnio, estrés, depresión. Y entonces sí es nuestra responsabilidad modificar nuestros hábitos o incorporar unos nuevos para cortar de raíz ese detonante negativo e impedir así que siga dando esos frutos que tan mal sabor tienen.

Permite que tu mente baje el ritmo, apague las luces o se vaya de vacaciones durante unos instantes practicando cualquiera de las muchas técnicas que te he compartido. De esa forma y, poco a poco, conseguirás retomar el control de tu mente y usarla como es debido para tu beneficio, tu felicidad y tu bienestar.

Por cierto: la ÚNICA cosa, o al menos, la más poderosa acción que impulsa, crea o potencia nuestra felicidad, es la GRATITUD. Agradece en voz alta cada día durante unos minutos todo aquello que sientes que es una fortuna, bendición o privilegio tenerlo en tu vida, y créeme, estarás creando abundancia, salud, amor y éxito en tu vida. "Gracias por otro día más en pie", "gracias por la casa en la que vivo", "gracias porque mis padres están vivos", "gracias por la pareja que tengo, que me entiende, me quiere y me apoya", "gracias por la tierra", "gracias por mis ganas de querer mejorar", "gracias por los obstáculos que me hacen crecer más y más", "gracias por tener alimento", "gracias por estar vivo", etc, etc, etc...

Aquello en lo que te concentras, es lo que atraes, pero no sólo eso. Tu atención es el cristal por el que miras tu vida. Si ves a través de la gratitud, poco a poco, irás viendo más y más motivos por los que estar agradecido y, eso, sin duda, cambiará tu vida a mejor, Y entonces, tendrás el maravilloso poder de sentir más y pensar menos.

Gracias por haber leído este libro.

¡Qué tengas feliz viaje!
Ryan Cross

# BONUS

## Bonus 1

## Afirmaciones para la autotransformación

Las afirmaciones son declaraciones positivas que nos ayudan a reprogramar nuestra mente y fomentar un cambio positivo en nuestras vidas. En el contexto del Eneagrama, podemos utilizar afirmaciones específicas basadas en cada tipo de personalidad para promover la autotransformación y el crecimiento personal.

A continuación, veamos qué afirmaciones efectivas ayudan el día a día a cada tipo de personalidad:

**Personalidad Tipo 1 - El Perfeccionista**

- Soy suficiente tal como soy. Me permito cometer errores y aprender de ellos.
- Reconozco que el progreso es más importante que la perfección. Me permito crecer y evolucionar en lugar de buscar la excelencia absoluta.
- Aprecio mis logros y reconozco que el éxito no está determinado únicamente por los resultados finales, sino por el esfuerzo y la dedicación que pongo en cada tarea.

**Personalidad Tipo 2 - El Ayudador**

- Valoro mi propio bienestar y establezco límites saludables. Me permito recibir apoyo y cuidado.
- Aprendo a decir "no" cuando es necesario y establezco límites saludables para mantener mi bienestar emocional y físico.
- Reconozco que cuidarme a mí mismo me permite estar en mejores condiciones para ayudar a los demás de manera más efectiva y sostenible.

## Personalidad Tipo 3 - El Triunfador

- Mi valor no depende de mis logros externos. Mi autenticidad es mi mayor fortaleza.
- Mi valía no está ligada únicamente a mis logros externos, sino a mi autenticidad y la calidad de mis relaciones personales.
- Aprecio los momentos de descanso y disfrute, reconociendo que la verdadera felicidad no depende solo de alcanzar metas, sino de disfrutar el viaje.

## Personalidad Tipo 4 - El Individualista

- Celebro mi singularidad y me acepto en todas mis facetas. Mi creatividad ilumina mi camino.
- Exploro y abrazo mi diversidad interna. Cada parte de mí tiene su propósito y contribuye a mi singularidad y crecimiento personal.
- Aprecio el poder de mi creatividad y permito que guíe mis elecciones, trayendo nuevas perspectivas y oportunidades a mi vida.

## Personalidad Tipo 5 - El Investigador

- Confío en mi sabiduría interna y comparto mi conocimiento con los demás. Soy parte del todo.
- Confío en mi intuición y sabiduría interior al tomar decisiones y buscar conocimiento. Mi perspectiva única enriquece mi entorno y beneficia a los demás.
- Comparto generosamente mi conocimiento y experiencias, sabiendo que, al hacerlo, contribuyo al crecimiento y desarrollo de aquellos que me rodean.

## Personalidad Tipo 6 - El Leal

- Confío en mí mismo y en el proceso de la vida. Soy valiente y capaz de enfrentar cualquier desafío.
- Confío en mí mismo y en mi capacidad para enfrentar desafíos. Estoy en constante crecimiento y desarrollo, y tengo la valentía necesaria para superar cualquier obstáculo que se presente.

- Cultivo relaciones basadas en la lealtad y la confianza mutua, creando un entorno de apoyo y colaboración en mi vida.

**Personalidad Tipo 7 - El Entusiasta**

- Encuentro plenitud en el presente y aprecio las bendiciones de cada momento. La alegría está dentro de mí.
- Encuentro alegría y plenitud en cada momento presente, apreciando las pequeñas cosas que me traen felicidad y gratitud.
- Cultivo una mentalidad de abundancia y optimismo, reconociendo que la alegría y la felicidad son estados internos que puedo nutrir y experimentar en cualquier momento.

**Personalidad Tipo 8 - El Protector**

- Soy fuerte y poderoso, me permito ser vulnerable y mostrar compasión hacia los demás.
- Reconozco mi fortaleza y poder personal, y también me permito mostrar vulnerabilidad y compasión hacia los demás.
- Uso mi fuerza y protección para cuidar y apoyar a aquellos que me importan, creando un entorno seguro y amoroso a mi alrededor.

**Personalidad Tipo 9 - El Pacificador**

- Me afirmo y expreso mis necesidades de manera clara y asertiva. Mi voz es importante y valorada.
- Afirmo y expreso mis necesidades y deseos de manera clara y respetuosa, sabiendo que mi voz y mis opiniones son importantes y valoradas.
- Busco la armonía y la resolución pacífica de conflictos, creando un espacio donde todos se sientan escuchados y comprendidos.

Para el buen uso de estas y otras afirmaciones positivas, es recomendable:

**Sé consciente de tus pensamientos:** Observa tus pensamientos y detecta patrones negativos o limitantes. Identifica las creencias que deseas cambiar y reemplázalas por afirmaciones positivas.

**Elige afirmaciones poderosas:** Crea afirmaciones que resuenen contigo y que sean relevantes para tu crecimiento personal. Deben ser positivas, en tiempo presente y estar formuladas en primera persona.

**Repite y refuerza:** Repite tus afirmaciones diariamente, preferiblemente en momentos de paz, al despertar o antes de dormir. Refuerza su efectividad visualizándote viviendo la realidad que deseas mientras las recitas.

**Refuerza tus afirmaciones con acciones coherentes:** Las afirmaciones son más efectivas cuando van acompañadas de acciones coherentes. Alinea tus acciones y comportamientos con las creencias y actitudes que deseas manifestar en tu vida.

Al utilizar afirmaciones basadas en cada tipo de personalidad del Eneagrama, puedes dirigir tu enfoque hacia los aspectos específicos que deseas fortalecer y transformar en tu vida.

Recuerda que las afirmaciones no son una solución mágica, sino una herramienta que te ayuda a reprogramar tu mente y crear un cambio positivo en tu vida.

El uso de afirmaciones efectivas requiere compromiso y práctica constante. A medida que practicas y te comprometes con las afirmaciones, gradualmente comenzarás a cultivar una mentalidad más positiva, confiada y empoderada.

El cambio lleva tiempo y esfuerzo. Sé paciente contigo mismo y mantén una actitud de apertura y receptividad. No esperes resultados instantáneos, sino que practica consistentemente y confía en el proceso.

Al adoptar afirmaciones positivas y realistas, puedes reprogramar tu mente y comenzar a alinear tus pensamientos, creencias y acciones con tu verdadero potencial.

No te desanimes si al principio no sientes un cambio inmediato, la práctica constante y la perseverancia son clave para obtener resultados duraderos. Con el tiempo, las afirmaciones pueden ayudarte a cambiar tus patrones de pensamiento negativos, fortalecer tu autoconfianza y permitirte alcanzar tus metas y aspiraciones.

Adapta las afirmaciones a tu propio lenguaje y forma de pensar. Elige palabras y frases que te generen una sensación de conexión y empoderamiento, las afirmaciones deben ser realistas y creíbles para ti, ya que tu mente necesita aceptarlas como verdaderas para que sean efectivas.

A medida que practiques las afirmaciones de manera consistente y las integres en tu vida diaria, comenzarás a notar cambios positivos en tu forma de pensar, sentir y actuar. Por ejemplo, si afirmas que eres una persona saludable, apoya esa afirmación con elecciones alimenticias saludables y ejercicio regular.

Las afirmaciones poderosas pueden ser una herramienta invaluable para la autotransformación y el crecimiento personal. Al combinar afirmaciones efectivas con visualizaciones claras y acciones coherentes, podrás cultivar una mentalidad positiva y construir una vida más alineada con tu verdadero ser.

# Bonus 2

## Pasos para Construir Relaciones Saludables

Las relaciones saludables y significativas son fundamentales para nuestro bienestar emocional y personal. Nos brindan apoyo, compañía y un sentido de conexión profunda. Sin embargo, construir relaciones saludables puede ser un desafío, ya que cada individuo trae consigo experiencias y patrones de comportamiento únicos.

La base de toda relación saludable es una comunicación abierta y honesta, esto implica:

- Aprender a expresar nuestros sentimientos, pensamientos y necesidades de manera clara y respetuosa.
- Escuchar activamente a tu pareja, amigo o familiar, mostrando interés genuino y empatía.
- Establecer límites claros en las relaciones, esto es esencial para garantizar el respeto mutuo y el equilibrio emocional.
- Aprender a decir "no" cuando sea necesario y a poner límites en situaciones incómodas.

La confianza es un pilar fundamental en las relaciones saludables. Para construirla, es importante:

- Ser auténtico.
- Cumplir con las promesas y compromisos.
- Evitar la manipulación, la deshonestidad y el engaño.
- Practicar la empatía y la comprensión al ponerse en el lugar del otro y validar sus emociones y perspectivas.
- Identificar y abordar los patrones tóxicos, comportamientos abusivos o falta de respeto en las relaciones.

Superar los patrones tóxicos requiere un trabajo personal y un compromiso mutuo. Puedes buscar apoyo profesional o considerar la terapia para trabajar en la sanación y el cambio.

Es importante recordar que cada relación es única y requiere atención constante. Al desarrollar una mayor conciencia de ti mismo y de tus patrones de relación, podrás nutrir y fortalecer tus conexiones con los demás.

Recuerda que las relaciones saludables también implican cuidar de ti mismo. Establece límites y dedica tiempo para tu autocuidado físico y mental.

# Bonus 3

## Técnicas prácticas para Cultivar la Resiliencia Emocional

La resiliencia emocional es una habilidad esencial para enfrentar los desafíos y adversidades de la vida con fortaleza y adaptabilidad. Nos permite recuperarnos de las dificultades y mantener una actitud positiva.

La resiliencia emocional es esencial para nuestro bienestar emocional y mental, nos ayuda a enfrentar situaciones estresantes, superar fracasos y mantener una mentalidad positiva. Al cultivarla, desarrollamos la capacidad de manejar nuestras emociones de manera saludable y construir una base sólida para el crecimiento personal.

Existen varios aspectos que la resiliencia emocional puede fortalecer en nuestra personalidad. Por ejemplo:

**Adaptación al cambio:** Permite adaptarnos a los cambios y transiciones de la vida de manera más efectiva. Nos ayuda a aceptar y superar los obstáculos, encontrando nuevas oportunidades en medio de la adversidad.

**Manejo del estrés:** Nos ayuda a manejar el estrés de manera más eficiente. Nos permite identificar nuestras respuestas emocionales ante situaciones estresantes y tomar medidas para reducir el impacto negativo del estrés en nuestra salud y bienestar.

**Autoconfianza:** Fortalece nuestra confianza en nosotros mismos. Nos ayuda a creer en nuestras habilidades para superar los desafíos y nos brinda la valentía necesaria para enfrentar situaciones difíciles.

Existen diversas prácticas que pueden ayudarte a fortalecer tu resiliencia emocional. A continuación, te presento algunos ejercicios y técnicas recomendadas:

**Autoconocimiento emocional:** Toma el tiempo para explorar y comprender tus propias emociones. Practica la atención plena y la introspección para reconocer tus patrones emocionales y cómo te afectan. Esto te permitirá desarrollar una mayor conciencia de ti mismo y de tus respuestas emocionales.

**Construcción de una red de apoyo:** Cultiva relaciones sólidas y de apoyo con familiares, amigos y miembros de tu comunidad. Comparte tus sentimientos y experiencias con personas de confianza, ya que esto puede brindarte el apoyo emocional necesario en momentos difíciles.

**Búsqueda de apoyo social:** Busca el apoyo de personas cercanas a ti, como amigos, familiares o grupos de apoyo. Compartir tus experiencias y emociones con otros puede ayudarte a obtener perspectivas diferentes y sentirte comprendido. Participa en actividades sociales que te brinden conexiones positivas y te permitan sentirte parte de una comunidad.

**Practica la autocompasión:** Aprende a tratarte con amabilidad y comprensión cuando enfrentes desafíos o te equivoques. Reconoce que todos cometemos errores y que el crecimiento personal implica aprender de ellos. En lugar de juzgarte severamente, practica la autocompasión y date permiso para ser humano.

**Mantén una actitud de aprendizaje:** Cultiva una mentalidad abierta y receptiva al aprendizaje continuo. Considera cada experiencia como una oportunidad para crecer y aprender más sobre ti mismo. Sé curioso y dispuesto a explorar nuevas perspectivas y enfoques en la vida.

**Aceptación y adaptación:** Aprende a aceptar las circunstancias que no puedes cambiar y enfócate en adaptarte a ellas. Reconoce que el cambio es una parte inevitable de la vida y busca nuevas formas de abordar los desafíos.

**Práctica de la resolución de problemas:** Desarrolla habilidades para resolver problemas de manera efectiva. Divide los desafíos en pasos más pequeños y abordables, y busca soluciones creativas. Esto te ayudará a enfrentar los obstáculos con una mentalidad proactiva.

**Cuidado personal:** Prioriza tu bienestar físico y mental. Dedicar tiempo a actividades que te brinden alegría, descanso y rejuvenecimiento es fundamental para cultivar la resiliencia emocional. Establece límites saludables en tu vida y aprende a decir "no" cuando sea necesario. El autocuidado también implica mantener una alimentación balanceada, descansar lo suficiente y mantener una rutina de sueño adecuada.

**Desarrollo de habilidades de afrontamiento:** Aprende técnicas de afrontamiento saludables para manejar el estrés y las emociones negativas. Esto puede incluir la práctica regular de ejercicio físico, técnicas de relajación como la meditación o la respiración profunda, y la búsqueda de actividades que te ayuden a expresar tus emociones, como escribir en un diario o practicar un hobby.

**Cultivo de pensamientos positivos:** Practica la gratitud y el enfoque en aspectos positivos de tu vida. Desafía tus pensamientos negativos y reemplázalos por afirmaciones positivas. Elabora una lista de logros pasados y fortalezas personales para recordarte tu capacidad de superar obstáculos y enfrentar desafíos.

Desarrollar la resiliencia emocional es un proceso continuo que requiere práctica y dedicación. Al fortalecer nuestra capacidad para manejar las emociones y adaptarnos a las situaciones difíciles, podemos enfrentar los desafíos de la vida con confianza y mantener una perspectiva positiva.

Utiliza estos ejercicios y técnicas para construir una base sólida para tu bienestar emocional y crecimiento personal.

Recuerda ser amable contigo mismo durante este viaje de autotransformación.

# Bonus 4

## Ejercicios de Visualización y Transformación Personal

La visualización puede ser una forma efectiva de explorar y profundizar en nuestro interior, es una herramienta poderosa que nos permite acceder a nuestra imaginación y crear imágenes mentales vívidas y significativas.

Mediante la visualización, podemos conectar con nuestras metas, sueños y deseos más profundos, y utilizar esta poderosa herramienta para potenciar nuestro autoconocimiento y nuestro crecimiento personal.

En este bonus, aprenderemos algunos ejercicios de visualización que nos ayudarán a transformar nuestra vida de manera positiva y significativa.

Veamos algunos ejercicios de visualización que pueden ayudarnos a potenciar nuestro autoconocimiento:

**La sala de los espejos:** Imagina que entras en una sala llena de espejos. Cada uno refleja una faceta diferente de tu personalidad, tus fortalezas, tus debilidades, tus sueños y tus miedos. Observa detenidamente cada reflejo y reflexiona sobre lo que revela sobre ti. Usa esta visualización para obtener una comprensión más profunda de quién eres.

**El jardín interior:** Cierra los ojos e imagina que caminas por un hermoso jardín. Cada elemento del jardín representa un aspecto de tu vida: las flores simbolizan tus relaciones, los árboles representan tu crecimiento personal, el agua refleja tu tranquilidad interior. Observa cómo se ve cada elemento y cómo interactúan entre sí. Reflexiona sobre lo que te gustaría cambiar, mejorar o cultivar en tu jardín interior. Utiliza esta visualización para explorar tus deseos y metas en diferentes áreas de tu vida.

Nuestra imaginación tiene un poderoso impacto en nuestra percepción y en nuestra capacidad de crear cambios positivos en nuestra vida. Utilicemos la imaginación como una herramienta de cambio positivo.

**Viaje al futuro:** Cierra los ojos e imagina que te encuentras en un futuro lejano, donde has logrado todos tus objetivos y te sientes plenamente realizado. Observa tu vida en este futuro y visualiza todos los detalles: cómo te sientes, qué logros has alcanzado, cómo te relacionas con los demás, etc. Utiliza esta visualización para conectarte con tu visión de éxito y para establecer metas claras y motivadoras en el presente.

**Transformación de creencias limitantes:** Identifica una creencia que te impide avanzar hacia tus metas. Cierra los ojos e imagina que sostienes esa creencia en tus manos. Visualiza cómo transformas esa creencia en algo positivo y empoderador. Imaginar que la creencia se convierte en una semilla que plantas en el suelo fértil de tu mente, y disfruta como va creciendo una nueva creencia que te fortalece y te impulsa hacia el éxito.

Recuerda que la visualización es una práctica personal y única para cada persona. Puedes adaptar los ejercicios de visualización a tus propias necesidades y preferencias. Encuentra un lugar tranquilo, cierra los ojos, respira profundamente y sumérgete en la experiencia imaginativa.

Al utilizar estas poderosas visualizaciones, desarrollarás una conexión más profunda contigo mismo, descubriendo nuevas posibilidades y potencialidades en tu vida.

La visualización no solo te ayuda a enfocarte en tus metas y sueños, sino que también te proporciona una herramienta efectiva para superar obstáculos, fortalecer tu confianza y despertar tu creatividad.

A medida que te sumerges en tu imaginación, te abres a nuevas perspectivas y posibilidades, creando una base sólida para el crecimiento y el cambio positivo en tu vida. Así, podrás avanzar hacia la manifestación de tu verdadero ser y vivir una vida plena y significativa.

Las visualizaciones son una valiosa herramienta para la transformación personal, permitiéndote potenciar tu autoconocimiento, explorar tus deseos y metas, y transformar creencias limitantes en empoderadoras.

Al construir relaciones saludables, estarás cultivando un entorno de apoyo, confianza y crecimiento mutuo. A través de la atención y el compromiso, puedes crear relaciones duraderas y significativas que te impulsen hacia una vida más plena y satisfactoria

# BIBLIOGRAFÍA Y FUENTES

- https://www.bbc.com/mundo/noticias
- Morin, A (2021). *How to Know When You're Overthinking.* Very Well Mind. https://www.verywellmind.com/how-to-know-when-youre-overthinking-5077069
- Hanson, R (2020). *¿Are You Thinking Too Much?* Psychology Today. https://www.psychologytoday.com/intl/blog/your-wise-brain/201711/are-you-thinking-too-much
- Asociación Americana de Psiquiatría (2014). *Manual Diagnóstico y Estadístico de los Trastornos Mentales (DSM-5).* Madrid: Editorial Médica Panamericana.
- Abramowitz J. S., Schwartz S. A., Moore K. M., Luenzmann K. R. (2003). *Obsessive-compulsive symptoms in pregnancy and the puerperium: a review of the literature. J Anxiety Disord 17* (4): 461-78
- Julien D., O'Connor K. P., Aardema F. (2007). «Intrusive thoughts, obsessions, and appraisals in obsessive-compulsive disorder: a critical review». Clin Psychol Rev 27 (3): 366-83.
- Payás Puigarnau, A. (2008). *Funciones psicológicas y tratamiento de las rumiaciones obsesivas en el duelo.* Revista de la Asociación Española de Neuropsiquiatría, 28 (102), 307-323.
- https://www.ncbi.nlm.nih.gov/pmc/articles/PMC4526594/#__ffn_sectitle

- https://www.health.harvard.edu/blog/mindfulness-meditation-helps-fight-insomnia-improves-sleep-201502187726

## ¡Gracias por haber elegido mi libro!

Espero, de corazón, que hayas disfrutado del viaje a través de las páginas de este libro y que mis experiencias puedan aportarte y motivarte para recorrer tu propio camino hacia tu crecimiento personal, salud mental y felicidad.

## ¿Me ayudas a ayudar a otros?

La mejor forma de mostrarme tu apoyo es gracias a una opinión o valoración positiva de mi libro en la página donde lo conseguiste. Te tomará unos segundos hacerlo, pero para mí significará mucho.

Una buena valoración tuya ayuda a que mi trabajo llegue a más personas e impacte positivamente en su vida, salud y bienestar.

Gracias por todo, feliz camino.
Ryan Cross